目錄

深山中的一盞明燈

夢參老和尚生於西元一九一五年，中國黑龍江省開通縣人。年少輕狂，個性機靈、特立獨行，年僅十三歲便踏入社會，加入東北講武堂軍校，自此展開浪漫又傳奇的修行生涯。

隨著九一八事變，東北講武堂退至北京，講武堂併入黃埔軍校第八期，但他未去學校，轉而出家。

他之所以發心出家是因為曾在作夢中夢見自己墜入大海，有一位老太太以小船救離困境。這位老太太向他指示兩條路，其中一條路是前往一棟宮殿般的地方，說這是他一生的歸宿。醒後，經過詢問，夢中的宮殿境界就是上房山的下院，遂於一九三一年，前往北京近郊上房山兜率寺，依止修林和尚出家；惟修林和尚的小廟位於海淀藥王廟，就在藥王廟剃度落髮，法名為「覺醒」。但是他認為自己沒有覺也沒有醒，再加上是作夢的因緣出家，便給自己取名為「夢參」。

當時年僅十六歲的夢參法師，得知北京拈花寺將舉辦三壇大戒，遂前往依止全朗和尚受具足戒。受戒後，又因作夢因緣，催促他南下九華山朝山，正適逢六十年舉行一次的開啓地藏菩薩肉身塔法會，當時並不為意，此次的參訪地藏菩薩肉身，卻為他日後平反出獄，全面弘揚《地藏三經》法門，種下深遠的因緣。

在九華山這段期間，他看到慈舟老法師在鼓山開辦法界學苑的招生簡章，遂於一九三二年到鼓山湧泉寺，入法界學苑，依止慈舟老法師學習《華嚴經》與戒律。

鼓山學習《華嚴經》的期間，在慈舟老法師的親自指點下，日夜禮拜〈普賢行願品〉，開啓宿世學習經論的智慧；又在慈老的教導下，年僅二十歲便以代座講課的機緣，逐步成長為獨當一面，口若懸河，暢演《彌陀經》等大小經論的法師。

法界學苑是由虛雲老和尚創辦的，經歷五年時間停辦。學習《華嚴經》圓滿之後，夢參法師又轉往青島湛山寺，向倓虛老法師學習天臺四教。

在青島湛山寺期間，他擔任湛山寺書記，經常銜命負責涉外事務。曾赴廈門迎請弘一老法師赴湛山，講述「隨機羯磨」，並做弘老的外護侍者，護持弘老生活起居半年。弘一老法師除親贈手書的〈淨行品〉，並囑托他弘揚《地藏三經》。

當時中國內憂外患日益加劇，日本關東軍逐步佔領華北地區，在北京期間，以善巧方便智慧，掩護許多國共兩黨的抗日份子幸免於難。一九四〇年，終因遭人檢舉被日軍追捕，遂喬裝雍和宮喇嘛的侍者身份離開北京，轉往上海、香港；並獲得香港方養秋居士的鼎力資助，順利經由印度，前往西藏色拉寺依止夏巴仁波切，學習黃教菩提道修法次第。

在西藏拉薩修學五年，藏傳法名為「滾卻圖登」；由於當時西藏政局產生重大變化，排除漢人、漢僧風潮日起，遂前往青海、西康等地遊歷。一九四九年底，在夏巴仁波切與夢境的催促下離開藏區。

此時中國內戰結束，國民黨退守台灣，中華人民共和國在北京宣布成立。一九五〇年元月，正值青壯年的夢參法師，在四川甘孜時因不願意放棄僧人身份，不願意進藏參與工作，雖經過二年學習依舊不願意還俗，遂被捕入獄；又因在獄中宣傳佛法，被以反革命之名判刑十五年、勞動改造十八年，自此「夢參」的名字隱退了，被獄中各種的代號所替換。

他雖然入獄三十三年，卻也避開了三反五反、文革等動亂，並看盡真實的人性，將深奧佛法與具體的生活智慧結合起來；為日後出獄弘法，形成了一套獨具魅力的弘法語言與修行風格。

時年六十九歲，中央落實宗教政策，於一九八二年平反出獄，自四川返回北京落户，任教於北京中國佛學院；並以講師身份講述〈四分律〉，踏出重新弘法的第一步。夢老希望以未來三十三年的時間，補足這段失落的歲月。

因妙湛等舊友出任廈門南普陀寺方丈，遂於一九八四年受邀恢復閩南佛學院，並擔任教務長一職。一方面培育新一代的僧人，一方面開講《華嚴經》，講至〈離世間品〉便因萬佛城宣化老和尚的邀請前往美國，中止了《華嚴經》的課程。

自此在美國、加拿大、紐西蘭、新加坡、香港、臺灣等地區弘法的夢老，開始弘揚世所罕聞的《地藏三經》：《占察善惡業報經》、《地藏經》、《地藏十輪經》與〈華嚴三品〉，終因契合時機，法緣日益鼎盛。

夢老在海外弘法十五年，廣開皈依、剃度因緣，滿各地三寶弟子的願心。目前夢老所剃度的弟子，遍及中國大陸、臺灣、香港、加拿大、美國等地區。他並承通願法師之遺願囑託，鼎力掖助她的弟子，興建女眾戒律道場；同時，順利恢復雁蕩山能仁寺。

年屆九十，也是落葉歸根的時候了，夢老在五臺山度過九十大壽，並勉力克服身心環境的障礙，在普壽寺開講《大方廣佛華嚴經》（八十華嚴），共五百餘座圓滿，了卻多年來的心願。這其間，又應各地皈依弟子之請求，陸續開講〈大乘起信論〉、《大乘大集地藏十輪經》、《法華經》、《楞嚴經》等大乘經論。

夢老在五台山靜修、說法開示，雖已百歲高齡，除耳疾等色身問題外，依舊聲如洪鐘，法音攝受人心；在這期間，除非身體違和等特殊情形，還是維持長久以來定時定量的個人日課，儼然成為深山中的一盞明燈，常時照耀加被幽冥眾生。

二〇一七年十一月二十七日（農曆丁酉年十月初十申時），圓寂於五台山真容寺，享年一〇三歲。十二月三日午時，在五台山碧山寺塔林化身窯荼毗。

夢參老和尚出家八十七載，一本雲遊僧道風，隨緣度眾，無任何傳法舉措，未興建個人專屬道場。曾親筆書寫「童貞入道、白首窮經」八字，為一生的求法修行，作了平凡的註腳。

二〇一七年冬　方廣編輯部修訂

向佛陀學習

一九九八年春夏・台北

在生活中修行

諸位善友，我們分別大概有三年了吧！還記得從上回講，受了三皈依之後要怎麼修行，至今也有三年多了。光陰過的很快，現在又跟大家結個緣，講講我個人的修行過程，做爲大家修行時的參考，我說的不見得很對，這不是講經，只是漫談一下。

要如何修行？有幾個重要的觀點是我們應當要先認識的。一般來說，我們所謂的修行都是禮懺、念經、念佛，或者上早、晚課。其實這樣的修行是不夠的，我們往往忽略了現前的境界，在佛堂拜佛的時候，忽略了禪室外頭的事情。在我們拜懺或打木魚、敲引罄的時候，會影響到別人；而你並沒考慮到別人，就只看到自己在修行。這樣的修行會有障礙，對你的利益不大，也不會對他人生起什麼好的影響。

在修行的時候，所有外邊的、現前的一切現象，跟我們修的法應該是很有關係的，如果不把修法和日常生活充份結合起來，那麼我們修法的成就也不會太大，對我們的幫助也很小。

這個涵義就是說，不論你拜懺也好，念佛也好，修禪定也好，一定要跟你現前的現實生活，以及工作結合在一起，這樣來修法，成就也容易大一點。也就是把我們的心念跟所修的法結合在一起，如果我們的修行跟日常的生活、工作成了兩條平行線，分別的進行，互不相干，這兩者你都會做不好。修行和生活不是兩條線，應該是一條線，要使你的心跟現實生活，結合成一體，這樣的修行，對你的幫助是很大的。

在現實生活當中，我們一天到晚起心動念，如果你不能夠把佛法跟你現在所做的工作、所面對的生活結合在一起，用教義上所說的話，就是你的心不能轉變客觀和現實的環境，不能把佛法運用到現實環境當中，所以修行所起的作用不太大。

我們經常說信心、信佛，你有沒有信心？你有沒有信佛？這兩個涵義是一體的。信佛即是信心，信心就是信佛，但是我們常把心跟佛分開了，分開了理解力就不強。我們經常說心即是佛、佛即是心，要相信自己的心，你們有沒有信心？我們一般說：你有沒有信心？好像是指信佛，並不是如此，而是說信你自己的心。

我們講述《華嚴經》的時候，就跟大家說：「你要相信自己就是毗盧遮那佛，要這樣你學《華嚴經》，才能學得進去。」意思就是說你念阿彌陀佛的時候，要相信自己就是阿彌陀佛，「心佛與眾生，是三無差別。」這不是一句話，而是你在做的時候能夠跟心結合在一起，這叫有信心；如果你沒有這個信心，成不了佛，也不是眞實的信佛，信佛就是指信你自己的心。

佛的涵義，學佛的人都知道。佛的印度原話是「佛陀耶」，「佛陀耶」中譯爲直覺的覺，明白的明，我們的覺心是明白的，是覺悟的，但因爲受多生累劫的熏習，熏習妄緣迷惑了我們本有的佛性、本有的佛心，好像朦朧陰影，受了垢緣；一旦這些迷惑消失了，恢復你原來的清淨心，也就是在《楞嚴經》上所說的「妙明眞心」，那就對了。

因此你在修行的時候，一定要相信自己，相信自己的心。這個心在每一天的生活當中，不論是在你工作當中所面對的事物，都不要離開現前的一念心。學佛法就要用佛法來指導我們的生活，讓佛法跟生活成爲一條線，而不是成爲兩條平行線，如果成爲兩條平行線的話，修行起來就很困難，也不容易成就。

當大家念經或者拜懺的時候，心總不能夠跟法、佛融合在一起。我跟很多道友談過，當你念阿彌陀佛的時候，你是不是觀想自己就是阿彌陀佛？當你念地藏菩薩的時候，你就成爲地藏菩薩的化身，你有沒有做這樣的觀想？你念觀世音菩薩的時候，你就是觀世音菩薩的化身，我不是隨隨便便說說，《地藏經》第一品當中那些來聚會的大眾，都是受了地藏菩薩教化，從六道出來，乃至於成佛、成菩薩，都是地藏菩薩的化身。因爲你的心跟佛的心已經結合在一起了，當你念地藏菩薩的時候，你就是地藏菩薩的化身，念阿彌陀佛，你就是阿彌陀佛的化身。

這個問題在你修行當中是最主要的問題，可不是小問題。你要是以這個心來擬定你一天所做的事，以佛心來指導你的一切，那麼你所做的都是佛事，也就是你的心、跟佛的心、跟佛的事業是分不開的，當這樣做的時候，你並沒有求利益的心，也沒有求福報的心，也沒有求加持的心，爲什麼？因爲這一切都是自心所具有的，以自心來加持自心，這是從心上來說。

從身體來說。我們生在這個地球，在地球裡我們有肉體，我們這個心究竟是在地球裡頭？還是在地球外頭？在我們肉體裡頭？還是在我們肉體外頭？這就是我們要參的，我們所要研究的。

先說身。我們這個身是非常可貴的，在什麼地方可貴呢？假使說沒有這個肉體、沒有這個身，你又怎麼能修行呢？沒有辦法修行！我們經常講這個身體是圓滿的，爲什麼是圓滿的呢？就是因爲他能夠修道，我們生而爲人，能夠有閒暇有時間修行，又幸運地遇到佛，有佛法可以聽聞，有指導的法可依循，所以說這個身體是非常可貴的，一般來說是享受八無暇十圓滿。

我們的肉體本身就具足了圓滿，肉體雖然可貴，但同時也是無常的，更是不淨的，觀身不淨！觀身無常！它隨時在變化，像現在各位身體的外觀，有二、三十歲的，四、五十歲的，甚至於八十多歲的，這就是無常的標誌。一切都在變化無常，再過些時候，你一回憶起來，轉眼瞬間，這一切好像就在眼前。所以要觀想身是可貴的，這個可貴的身又有這種的信念，能信自己的心，假這個心藉助於這個身來修行、求解脫，將這種觀想貫串連繫起來，你很快就得到解脫。以這種心來修行的時候，你的心就不會起執著。

學佛的人，就是學我們自己的心。我們這個心，成就的部份就是佛；污染的部份就是眾生。現在污染的部份佔的重，但是我們有成佛的種子，有一顆清淨的心，有一顆無染的心。有人曾經問我說：「我們的佛性究竟在哪裡？」我就答覆他：「你現在不要問佛性在哪裡！也不要問有沒有佛性！」連我們經常說的眞如、實相、如來藏心乃至於法界性，這樣的名詞很多，實際上只有一個，就是性體，在佛爲佛性，在法爲法性，一切眾生都是具足的，但是要先問你信不信，如果你信了，佛性就在你的心，不信等於沒有。

在《法華經》當中，比喻窮人不知道衣服裡本來有顆寶珠，卻去討飯。我們本來是清淨無染的，因爲迷了，所以才在六道中受苦；但是現在聞了法，要先建立信念，這個信念就是我們學佛眞正的動機，有了這個信心，就可以直接依這信心修行成佛。在修行當中、日常生活當中，要隨時的觀照，觀照什麼呢？觀照我們的念頭，這個念頭一定是能觀的，這個念具有外面所有的現象境界，我們這個信心的心能轉變一切的境界，而不被外面的境界所轉，因此就可以逐漸的解脫。

我剛才說了身體的可貴，但是你也要觀察身體的不淨、觀察身體的無常。不淨觀，就是要你藉假修眞；觀無常，就是讓你不要貪戀、不要執著，不要在這個身體、肉體上花費很多的心思，否則的話，你是沒有辦法進入的。因此學佛的第一步驟是要在日常生活當中，建立這麼一個觀點。

第二步驟，在修行時，我們的生活跟我們所修的法，不要分裂成平行線，要走在一條線上，生活就是修行，這是第二步驟。第三步驟，就是要了解身體在修行方面雖然可貴，但如果貪戀這個身體是不可以，它是不淨的也是無常的，我們在修行當中要注意這幾點。

還有一種情況是在學佛之後，我們的道友們總感覺自己所學的不夠，瞭解的不夠透徹，經典看的不夠豐富。以念經來說，念一部經嫌少，念兩部經，有時候又嫌太長，有時候聽說《華嚴經》最圓滿，就去念《華嚴經》，或者念《法華經》，反正越大越圓滿，至於受灌頂也是要受大圓滿的灌頂。

這是貪心，想多累積功德，這樣好嗎？總以爲自己學的、所用的功課不夠，其實不是這樣的，我們知道的已經不少了，可是缺乏什麼呢？缺乏實際的行動力，沒有一件一件地把我們所知道的去實行；不去實行，你就不能證得，不能證得，你等於沒有得到。所以我們知道的其實夠多了，像我剛才講的那些道理大家都知道吧！「心佛與眾生，是三無差別。」大家經常掛在口上，「若人欲了知，三世一切佛，應觀法界性，一切唯心造。」每位道友都會念，但你再進一步討教他，他就無法回應了，因爲我們知道的事情雖然很多，但是所做的事情卻很少，至於講到證得的部份就沒有了，多數是沒有證得。

爲什麼呢？因爲你具足煩惱！好多道友煩惱還是很重，還是解脫不了煩惱，因爲你所學的、所念的都跟你的心、你的性體結合不起來，沒有眞正去修行，爲什麼不修行？我們很懶呀！我對很多道友說，包括我在內，我們都很懶！很懶！經常找藉口說，沒有時間，時間不夠分配，我沒辦法啦！不打算修行啦？這樣就把那個可貴的「暇滿身」輕易地浪費掉了，我自己也是如此。一天當中包括誦經、心裡修觀，你究竟做了幾個小時？當然我們法師是專業的，你們作爲道友的都是副業。其實以你們副業的標準，一天二十四小時，睡眠佔去好多個小時？閒聊天又佔去好多小時？還不說你們玩樂的時間，這樣算起來，其實你們修行的時間並不多！你做了很多的事情了嗎？這叫做「懶」啊！叫做「不精進」啊！

倘若以爲念部大乘經典就圓滿了，想出億萬個理由，能否有什麼辦法能讓我不要付出就能獲得這法？沒有！我跟大家老老實實地說，我出家六十多年了，我也一直這樣在找！要鑽空路、學竅門，沒有的！不論你跟哪位喇嘛受什麼灌頂，就是釋迦牟尼佛親自來跟你受灌頂，佛也沒辦法，佛也有做不到的事，佛不能消你的定業。

佛有三不能。佛能知道眾生的一切種性、億萬劫的事，佛都能知道。但是無緣的眾生，佛也度不了，佛也不能化，這是佛第一個做不到的事。第二個，佛能空一切相，能成一切萬法之智，但是他滅除不了定業，這是第二個佛做不到的。佛能度無量有情，你看《地藏經》，地藏菩薩度那麼多的眾生，連佛眼觀故猶不盡數。文殊菩薩用天眼測量，地藏菩薩已度成佛的、成菩薩的、乃至到忉利天參加法會的有那麼多；但是第八品當中閻羅王問佛：「我有一件事情不明了，地藏菩薩那麼大的威力，那麼大的神通，我看他所度的眾生，隔沒多久又回來了，（意思是說地藏菩薩的神通還不大，力量還不夠。）為什麼？不是他度出去的嗎？怎麼又跑回來了？」佛說這是眾生的業，剛強難調難伏，不是一次、兩次就能度的好的！就是佛能度無量有情，像地藏菩薩度的那麼多，但是眾生界是永遠度不盡的。就算我們所最尊重、最尊貴的佛也如是，一切佛都如是，一切佛都在度眾生，但眾生界還是那麼多，無窮無盡。

我們剛講這個地球上有六十多億人口，那就很多了。大家再看看魚、鱉、蝦、蟹那些海洋生物究竟有多少？那也都是眾生啊！

因此，我們應該認識到一個問題—要「自修」、要自己努力，沒有一個什麼樣的善巧方便，說我不修就能證得了，就能解脫了；就算釋迦牟尼佛再生也是一樣，你就算親自見到地藏菩薩，地藏菩薩也沒有辦法幫你，觀世音菩薩也沒辦法。

因此，與其幻想有一個能救護你的寄託，不如反過來求你自己的心，把你的心住到一定的住處。《金剛經》中說：「應無所住而生其心」，無住才能生心！生的這個心是什麼心？是無住！你把心住在無住上，無住就是一切都不執著，這樣才能夠得到成就，才能夠得到解脫，除此之外，你再也無法尋獲。

所以事情不須要知道那麼多，我們能夠斷見惑，就很不得了了；只要你能斷了見思惑，起碼不在三塗流轉，不到六道輪迴流轉。我們不要講的很高、很大、很圓滿，但是做起來，還是得一步步地實行，腳踏實地的做。

另外，不要把佛對這一類眾生所談的法接到另一類機上，這樣是行不通的；因爲我們這個時候沒有明師，沒有好老師給予指導，觀不到我們多生累劫的根機，如果就把佛教導的話拿出來說，也不知道哪個是對機的，哪個是契合你的，反正你都接受，那你會造成混亂。就好像明明是大乘根機的大眾，反而跟他們說小乘的契經，面對小乘的根機反而說大乘的經，人家一聽就想：「我何必學那個呀？我還是明心見性吧！禪門一炷香，立證菩提嘛！還是去學禪宗！」

這些問題造成了我們的困惑，這種困惑是誰給我們的？是我們自己帶來的，因爲我們的業，所以遇不著明師。從前有一位道友跟我說，要我給他介紹一位明師讓他認識，要像弘一法師、虛雲老和尚那樣的明師。每次到他那裡去，都要我講講他們的過往經歷，我都沒有講，其實還有比他們更高的明師，像明朝的四大名僧，你只是聽到名字，當你眞正親近他們，他們也不是聖德啊！釋迦牟尼佛當時在印度人眼中也不比外道強，不過是另創的一位佛嘛！不像我們東方把佛宣傳的那麼神秘，那麼神話，這是不切合實際的。我這樣說，大家可能不太能接受，反正我說的是實在的話，這是我出家六十多年的體會。

你是什麼業、什麼因緣，你就會遇上什麼教師。我說：「你自己好好地修吧！如果釋迦牟尼佛在我們身邊，像我們這樣的業，他也是沒辦法，你不學，他有什麼辦法呢？並不是釋迦牟尼佛在世的時候，所有釋迦牟尼佛教育的眾生都證得阿羅漢果的，還是好些眾生沒法證得。」我的體會是這樣。

我以前也是非常的好奇，總想找個竅門，不然我不會從大陸跑到西藏去，還是一個人跑到西藏去的。我也想尋找一個捷徑，可以方便一下成佛，也不要參禪，也不要念佛，念個咒就行啦！我到了西藏以後，一共持了幾十年的咒，現在也還沒有成佛。專門持咒也是修法的法門，大家在台灣會遇著很多的大德喇嘛，你先得自存己德，把你自己的德行看一看，看你能接受到哪一個階層的法，以自己的福德、智慧，能夠接受到哪一個階層的法，你就踏踏實實地照著哪一個階層的法去修行，能得到現世的安樂。這就好比你想要上高級餐廳，荷包裡得有那麼多的錢，如果沒有那麼多錢，在小攤子上隨便吃吃也可以，能夠不餓肚子就可以了。

現在這個時候我們等於還在迷途當中，不知道究竟該走哪條路線？佛說了這麼多法，你一定還在摸索，念佛好呢？還是參禪好呢？這位大師說念佛好，那位大師說持咒好，其實哪一個方法好呢？你得選擇適合自己的，你感覺到哪一種方法你學得很高興、很愉快、很有心得，你就堅持這種方法不要放棄。不要聽到別人的指正，你就又改變主意，持續地做下去就好了。但是得精進，疲疲塌塌地、懈懈怠怠地就想成佛了生死啊？你就是想求發財都不容易啊！

要是現在的生活很困難，想求佛菩薩加持我，讓自己發財，就很不容易了。買獎券可以發財！八千萬張也只有一張會中獎！你去碰一下運氣吧！這是不可靠的。你應當腳踏實地的做，盡你所能，把自己的時間安排好，運用自己真摯的、正知正見的心，處理自己的生活、自己的工作，把學佛、學道這些正知正見、求解脫的知識，運用到你的工作當中、生活當中，你會得到一定的受用，你可以鍛鍊到不生起煩惱的境界。以前你愛罵人，愛說些不好聽的話，愛挖苦人；以前妒嫉心很強，看別人好就不高興，看誰發了財，他就妒嫉，看誰受窮，又瞧不起人家，現在都改正了。

在社會上，有這一類思想的人很多，如果我們沒有這類的思想，那要更精進的去做。文殊菩薩教導我們要「善用其心」，就是把你這個心，運用到日常生活上去，把佛法灌輸到生活上。一旦有了佛法的指導，你日常生活就不同了；有了佛法的指導，工作上也不同了，這些明顯的轉變，你自己去體會吧！你能夠沒有妒嫉心，沒有障礙心，你就不會有煩惱了。能夠不起瞋恨心，你已經從中得到很多，已經逐漸的往成道的方向走了！要想另外有個什麼特殊的因緣，不必強求！對你反而有害無益，只有真正的斷了煩惱，斷一分煩惱，證一分菩提，那才是你實在的受用。

如果煩惱還是存在，再大的神通，像四天王的神通不小，我們知道龍王的神通也不小，就連鬼神的神通也不小！但是他們的煩惱非常重，瞋恨非常的重，正知正見始終產生不起來，那種神通也只能幫助你做些壞事，不能幫助你做好事。

因此不要生起不正確的念頭，要精進；要在正知正見的指導下，把所修行的佛法灌輸到你的生命當中。修佛法就是要了脫生死！就是修你的生命！各位道友們！精進一點不要懶惰，要善用工作、生活之外屬於你自己的時間，不閒談、不聊天、不說空話，那樣犧牲精力來做，你會得到的。修你自己的生命，修你自己的世界，像阿彌陀佛四十八願就是修他自己的世界，釋迦牟尼佛修華藏世界的時候，華藏世界修成了，他的化身可以示現什麼呢？不只示現釋迦牟尼佛，也示現畜生身，不只是佛身。

佛在囑託地藏菩薩度眾生的時候，跟地藏菩薩說的很清楚：「我不是只示現佛身度眾生，我也示現一切身度眾生。」我們修的時候，一個一個的修我們自己的化身；本尊成就了，自然就是化身，你現在就是化身。

因此，你要是能看重自己所做的修行跟你的生命，那就是修你的生命，你的生命要生存必須有適當的環境。環境就是你的世界，修你自己的世界，在這方面不但能自利也能利他。阿彌陀佛修成極樂世界，就利益一切的眾生了，誰到那個世界都沾他的利益，假他的威力攝受了。

要是這樣來修行，才能逐漸消除我們的業障；雖然不能徹底消除，但是你修行一段時間，就消除一部份。當處在逆境的時候，你的業障會很快消失，你得會利益。如果你學佛法，沒有跟生活結合起來，當你處在逆境的時候，就會抱怨這個、抱怨那個，不但業障沒有消除，反而增加新的業，業障越增越重。假使你會運用的話，一旦這一段業障過去了，你會得到很好的啓示。

因此我們每位道友自己修行、用功的時候，一定要把你所理解的佛教道理，用你的心去指導你的身、口、意，一步一步地腳踏實地的走，千萬不要生起超越的想法，不要起非份之想，想一下子成佛，有沒有即生成佛的呢？有啊！《法華經》裏只說一位龍女，《華嚴經》裏只說一位善財童子！其他的經教可有指示哪一位是即生成佛的呢？我們必須認識佛所教導的法，也認識我們現實世界的生活，你把這些結合在一起，認識你自己，雖然你得了暇滿可貴之身，但是你用功不夠，你就把「暇滿身」蹧蹋了！

有位道友跟我說：「我能有『暇滿身』，又信佛、又聞法、又修行，我的成就還不高？」你不能這樣比！你要往好一點的比！這樣去比較是沒有錯，但是你的成就如何？當你兩隻眼睛一閉，壽命盡了，能不能解脫？如果沒有把握，你就得加油、用功，不要想的太好了，想的太好容易懈怠；因爲我已經夠了，也不求成佛，現在的財產夠我生活了，子孫也很孝順，我放棄了！照樣的輪轉，再換個面目還不是這樣，你別的宿業又成熟，就會往下墮，生到天上去的也會下墮的。

因此當我們分配時間的時候，一定要撥出點時間來修行，讓我們的修行更有把握一點。說到有把握，你自己要怎樣才知道有沒有把握呢？我想自己都能知道一點，以前一見著心愛的東西，你會貪戀的不得了，現在因爲修行的關係，淡泊了，甚至有沒有都無所謂了。比如說你喜歡古玩、喜歡玉石、喜歡寶石，甚至於睡覺前還摸摸它、看看它，現在你已經丟下了，有好幾天沒有去看了，連找都不想找，有沒有都沒有關係，這樣你的工夫就會有進步了，貪戀心也輕了。

以前談戀愛的戀人或者夫婦兩人離開一段時間，彼此會想念著對方，現在都很自然了！直到各睡各的，到一定要分開的時候，各不相干，都淡了。以前最貪戀的都是衣服、飲食、貪慾，還有妒嫉心，看到別人好，過去是妒嫉，現在看到別人好，讚嘆學習。普賢菩薩十大願王在這裡就用上了，隨喜功德可以把業障轉變成福德了，你自己可以體會。

我本來是很愚癡的，以社會的眼光來看，連小學都沒有畢業，書也讀的很少，就靠佛菩薩的加持，我是虔信不已的，但這是佛菩薩的加持？是自心智慧的增長！怎麼能讓智慧增長呢？那是磨練出來的，經過好多的磨難！智慧不但沒有消失，還增長了一些，以前不會的現在也會了，也沒有從外來，也沒有跟誰學，這就是證明。以前每逢要講大部經或者講深奧一點的經，心裡頭便有恐懼，恐懼什麼呢？怕講錯話，講錯了要背因果。但是這幾年恐懼感沒有了，但僅僅只是不恐懼而已，是不是講的好呢？那就不一定！

為什麼我們在做好多事情的時候，心裡會產生恐怖感？一個人住或者晚上到「夜總會」（就是墓地），晚上天又黑，走到那種地方去，總會生起害怕的感覺，為什麼會有恐怖感？你的智慧還沒有明了，雖說是假的，你都當成真的；說沒有鬼，你又害怕什麼呢？人人都說沒有鬼，你也知道沒有鬼，大家不是都怕鬼？如果你獨處暗室，有一個人戴張鬼臉，就會把你嚇一跳。這是因為你心裡有罣礙，還沒有解脫。你可以考驗自己，要是解脫了，什麼損失都沒有了，從來不動心，就叫有工夫，你可以自己印證一下。

這就像說我作夢，夢見觀世音菩薩來給我指導，地藏菩薩來跟我見面，這些都是不可靠的；可靠的是你自己的心。佛菩薩有沒有加持呢？我們學佛的人，一切的得失都是佛菩薩的加持，佛菩薩在哪裡呢？是你自己的心跟佛菩薩相結合，哪一部份結合，哪一部份就得到加持；沒結合的部份就得不到加持，要這樣來理解、這樣來修行，才能把我們的生活跟所學的佛法相結合。

但是我們怎麼樣來訓練這個心？怎樣相結合呢？在日常生活當中的例子很多，我們好多女道友在廚房烹飪料理的時候，只是在做炒菜的動作，心理頭又怎麼跟佛法相結合呢？能不能相結合呢？烹飪料理的時候，妳心裡頭是怎麼想的？妳發過願嗎？依照文殊菩薩跟智首菩薩說的「善用其心」，妳應該發願！

我跟好多道友談論過這個問題，當妳做菜時，要發願說：「我做菜呀！比天上的美味還美妙，不論誰吃了一定會高興，還有我這道菜，誰吃到了它，病難消除、災難消除，病苦沒有了，身心健康！」先不說那道菜是不是有這種效用，妳能這樣修煉妳的心，就已經是大菩薩心。妳有沒有這樣想過？我們多少女道友烹飪料理的時候有這樣想過嗎？發過這種願嗎？對我們來講，吃了我做的這道菜，癌症消失了，不用吃什麼藥，我的菜就是藥，飯、菜本身都是藥，我們只知道肚子餓了，吃東西可以解飢，還不知道它的妙用，病從口入也從口出，妳知道嗎？

我碰到過這麼一位發願的菩薩，你吃她這份飲食，你的癌症消失了，這是她的加持力啊！因爲她的心跟你的心是相通的，這是心的體會，在日常生活之中要「善用其心」。

我們還要修無常觀，在日常生活當中，心裡頭不要留戀什麼，不要貪戀什麼，你想一想貪戀之後也沒有意義，一樣都會過去的，都會消失的，沒有一件東西不會消失的。現在科學發達，大家都知道地球被破壞殆盡了，我們經常不能理解現在災難的來源，把它歸究於鬼神的作用，但是事實上已經證明，這是我們大家共同造業的結果。氣候反常、地震頻繁、風災特別多，科學越發達的地方，風災越厲害，這是物質性的，不屬於精神性的。我們爲了要貪取財富，拼命的競爭，掏空地球，我們算一算一天輸出多少油？從地底下挖出多少煤礦？它不會再生了，地球即是如此，空了，它能不陷下去嗎？

大家都知道唐山大地震那麼大的災難，唐山大地震不是像我們這裡的地震只是搖幌一下，而是整個場陷下去的，一震就全都坍塌下去了。北寧路、錦潮路，還有許多的鐵路，只要經過唐山大地震的地方，就會同時被陷在其中。多少列火車、還有運貨車、整座寺廟，還有樓房都陷在地底層，爲什麼？從明末、滿清的時候，唐山就開挖煤礦。唐山市不大，現在整個市區早就挖空了，它能夠不陷下去嗎？像汽油內含很多礦物，不也都是從地球取出來的嗎？這是人爲的災害，不是天災；人類自己要整自己，自己要害自己又有什麼辦法呢？「自作業」沒有辦法。氣候的反常，乃至於好多的衛星上空，空中的氣量已經不同了，還有很多的二氧化硫呀！增加的成份，我們大家都可以理解的。

我曾經待過西藏，在距離康定很近的的地方，有一座山叫做「者多」，一到達那座山上時，必須把騾子的鈴鐺都摘下來，事先那騾子的主人告訴我們不能大聲說話，不能大聲喧嘩，要我們慢慢步行下來，我就覺得很奇怪，不理解爲什麼要這樣做？他說：「騾子的鈴鐺聲，跟人大肆喧嘩的聲音一樣響亮，如果你不相信，我們都下山去，你在山上喊一聲，冰雹馬上就滾下山來，這不是神話！因爲空氣一震動，山頂上的雪就裂開、滾落下來了。」我根據這個道理推想，是不是整個空中的氣流，一經震動它就會產生變化，因此我們的心跟日常生活、一切物質是結合在一起的。

我們已經知道我們盡做些破壞地球的事，大家要多讀《仁王護國般若波羅蜜多經》，讀讀《大乘大集地藏十輪經》，就會知道末法時代、我們現實的社會爲什麼會這個樣子，是人親手造成的！如果我們把所學的佛法跟日常生活結合起來，我們這一部份人所造的業就會有所不同。

哪個人沒有家族？哪個人沒有眷屬？誰不愛護自己的眷屬？愛護自己的家族？釋迦牟尼佛也不例外！以佛的神力，以佛的那些大弟子，那些大阿羅漢的神力，當琉璃大王殺釋迦種族的時候，釋迦牟尼佛知道這是宿業所感召的，目犍連尊者不服氣，救了五百名童子到天上去，等災難過去了，他把鉢取下來，這五百名童子已經化爲膿水，這是業啊！所以我剛才說，佛也不能消宿業，怎麼辦呢？要靠自己轉，自己作的業要自己轉，不要抱怨這抱怨那，抱怨是沒有用的，只會增加自己的業。爲什麼？因爲不了解、不認識，所以才會抱怨；如果你了解、認識，就不會抱怨了。

我經常聽到有人抱怨這個世界不平等，這也不平等，那也不平等，那裏有平等的地方？依照佛的教導，自己作的業自己來受，有什麼不平等！這都是你自己作的業！自己作的業自己來受！所以這是平等的，我們雖然是信佛，現在也修行，每天要接觸很多的事物、很多的人，你不能不接觸的！就算是我們出家人，離開家庭，也還得在社會上生活。每天坐車、生活、吃飯，也要接觸很多人、很多事。你要如何面對這些人、這些事？在沒有學佛、不知道佛法的時候，我們運用的都是些錯誤的應對方式及方法，現在我們明白佛法了，也明白了善惡果報，也知道怎麼樣修行可以消災免難了，你就應該把這些方法運用到你的日常生活當中。在面對很多人、事的時候，你就可以拿這些道理來運用，不是嗎？你知道了佛教導的道理，你就拿來運用。就像你學其他的技術一樣，例如：學車床、學鉗工、學工商管理，你進入社會的時候就可以拿來用，學佛的時候也是這樣。

我們不論學一門技術，或者念佛也好、參禪也好，要面對現實，面對這一切事、一切人，當你碰見一個人無理的咒罵你、毀謗你，也許與你素無瓜葛，可是他無緣無故的就來殘害你，你應該怎麼辦呢？沒有學佛的人，遇到這種情況當然會不服氣，就想要報復，去跟他比力氣、勢力、金錢！學佛的人要學會忍！忍他、讓他、不理他，因爲這些事物都不是常在的，我們剛才講「無常」，時間很快就過去了。

有人經常問我：「老和尚啊！您那三十三年是怎麼過的？」我說：「『無常』！我現在感覺三十三年的時光很短，當時一天一天地感覺好像是很長，但一晃眼就過去了，感覺很短啊！」我們上回在這裡演講，至今相隔三年多了，現在又回來了，感覺好像是昨天的事，講完了再繼續講，沒有空暇的。這樣觀照一切，它不會久停的。一過去，再換個環境，不論是環境、事物、人物都在變換，時間的變換很快，物質的變換也很快速，人的面貌也煥然一新。一轉換，又是一個新的情境。在無常當中，都會變化不定的，能這樣想會幫助你看開一點，放下一點，不要太執著，什麼事都不要太硬碰硬，對你沒有好處，對眾生也沒有好處。假使你能忍一時之氣，當時好像是被人欺負了，可是一個學佛的人知道，那是消災免難，當你用佛法來面對一切的人、事、物，也是如此！

好比我們開一間公司，遭受意外、被人陷害、被人誤解、或者遭人縱火等種種災害，假使你內心不平、氣恨，想盡種種辦法報復，已經是不可能挽回的，你又能怎麼辦呢？我們佛教就是講懺悔，懺悔自己的業重，起碼這樣子能夠讓你安定下來，安定什麼呢？安定你的心靈，知道因果不滅、因果循環，自己作的業自己消，任何事情能照著佛所教導的教理去想、去做，你會得到很大的受用，當你都能受用了，你就知道修行的工夫進步了。

當我們沒有信佛的時候，不懂得佛的教導，很多事情想不通，甚至犯了更多的錯誤。諸位道友都有個人的經歷，信佛久了，自己總覺得有份安慰，自我的安慰。人家打你兩個耳光，你不還手，這不是「阿Q精神」，不要看到魯迅的〈阿Q正傳〉上的敘述，以為阿Q就是這種精神，其實不是的。他所寫的〈阿Q正傳〉，也是我們佛教忍辱波羅蜜的精神，釋迦牟尼佛就是這種精神。我們要做的就是忍辱波羅蜜，所以要把修行運用到日常生活當中來。隨便你做那一行，都可以運用到你的生活當中。

過去有一位和尚道友，他學畫畫，他的畫本來就不怎麼好，有一次他平靜的用心作畫，他一「靜」下來，他在「靜」中看到一幅好畫，提起筆就把這意境畫下來。在他作畫的時候，正好有一位朝山的大富翁看上了這一幅畫，要讓他再畫第二幅畫，他怎樣畫也畫不出來了，即使畫出來也很醜不像樣，這是什麼原因呢？那時候我曾經想過這個問題，宏覺法師說那位和尚已經不是專心一致的作畫，已經走火入魔了。怎麼樣才叫「走火入魔」呢？這不是像氣功那樣的「走火入魔」，而是不修正念，墮到邪門。他自己沒有警覺，畫畫是想賺錢，賺了錢他還能修嗎？他的心就不定了，因爲嚐到甜頭了，還想再畫去賣錢，這時候，連三塊錢都沒有人要買了！一切事物都是這樣的。

我說這個故事的意思是，當你修行剛有點工夫的時候，一入就靈！

靈的時候，一旦錯用就迷了，迷了就著魔了。所以當我們的工夫到達了一個程度，跟日常生活結合了，不要炫耀，不要以爲成道了，你僅僅是降伏自心中的境界相；如果你以爲已經有成就了，就完全錯誤了，因爲修行人發生這種事情太多了，你的成就一多了，魔難也就跟著來了，甚至連你生起一個錯誤的念頭，都會遭很大的魔難。因此大家將佛法結合在日常生活當中的時候，要特別注意，要知道自己功力到達什麼程度，要自己認清自己。

將佛法與日常生活結合，來驗證這個心，無非是訓練心的一個方法，我拉拉雜雜的說了這麼多，都是在說明「煉心」，「煉心」應該在什麼地方練習呢？就在生活當中！就在你面對一切的人、事！處理之後你就會知道，你的心境是心如止水，還是波濤洶湧？是有功力，還是沒有功力？只有自己最清楚。

我舉自己讀《金剛經》的例子。我平反之後，再次回到中國佛學院教書，開始讀《金剛經》，那個時候我讀起來，跟我以前所學的、聽的、講的完全不一樣，好像很生疏。以前慈舟老法師、倓虛老法師也講過，但是回憶他們講過的話，感覺自己不甚理解，反而從那個時候開始讀《金剛經》從不間斷。十年之後，所有的問題自己突然有了解答，這是怎麼來的呢？是讀了十年《金剛經》所換來的。在這個時候，你說有悟境嗎？沒有，只是以前的疑惑自己已經能夠解答了。在理解《金剛經》之後，再來看《阿彌陀經》等其他的經典，它們都是相通的，相同的疑問，也都能夠理解的。如果再繼續讀上十年，我想情況就會有變化了。讀經的時候心裡遊蕩，思緒紛亂，雖然不是遊山玩水，但又回到以前的境界，這就是錯誤的。

讀經，心沒有住到經上，換句話說，你吃飯沒有住到吃飯上，喝水沒有住到喝水上，心跑了，這就沒有辦法了，這樣讀誦經典所得的利益很少。雖然每部經上都說，你讀此經會得到什麼福德，那些都是鏡花水月，不可靠的。功德是因爲你讀經的時候，心理產生般若的明，有一種照慧，這是在解上來論功德，如果你只念到文字，以爲就能有好大的功德，有沒有功德呢？有，但跟你這個智慧的功德是不能相互替換的。

我再舉個念經的例子，大家有沒有念經念到心神遊蕩，晃到哪兒去了都不曉得？還有，你在誦經時電話正好來了，不管你誦經是否完成了就去接電話，你這部經算不算圓滿呢？如果你去接電話，你就不能繼續剛才未完成的部份繼續念下去，必須從頭開始誦經。讀誦大乘經偶爾會有入定的情形，好像很快就念完了，平常讀《金剛經》需要二十分鐘的時間，可是今天突然只要十分鐘就可以持誦完畢，仔細回想我並沒有遺漏哪一段經文！那是因爲你的精神今天特別集中，所以有此收穫，但這要你自己認定，一點也滲不得假的。

念佛也是如此！先是計數，計一計連數字都沒有了，我們念經、念佛都有這種情況，能念的人，所念的經，好像都沒有了，還在念嗎？沒有念嗎？四十多分鐘一下子過去了，這也是好現象，這是你的心明白了，漸漸趨於寂靜，不論修哪一法，裡頭都會有很多的體會，每個人都會有的，只是深淺不同，時間的長短不一，每個人下的工夫如何？只能自己領受了，並不適用其他人，你是你，他是他，不是嗎？我們看別人的境界，不能把它搬到我們自己身上來，那是不適用的，因爲有時候只是心裡出現短暫的寂靜而已，你還沒有得到，要眞正的入定，我今生恐怕做不到了。

我現在八十多歲了，時間也不多了，但是你們必須得這樣的做。諸位道友，我們今天漫談了這麼一段時間之後，不論你吸收了多少，都要運用到日常生活當中，像〈淨行品〉當中，文殊菩薩跟智首菩薩說「善用其心」，之後，文殊菩薩又說了一百四十一種的例子，包括你上洗手間的時候都要念個偈子，但是夠不夠呢？不夠的，說的不完全，你遇到的事情太多了，你可以自己編。不論你遇著什麼可以自己編，例如：「當願眾生，如何如何……」，你發什麼願就編什麼偈子，都可以，這就叫做「善用其心」。反正就是「上求佛道、下度眾生」，這樣你就念念住在佛、法、僧三寶上。

像我們第一次講〈修行〉的時候曾經提到，你晚上睡覺的時候念：「皈依佛！皈依法！皈依僧！」早晨起來也念：「皈依佛！皈依法！皈依僧！」雖然說中間有停歇，但是兩頭連繫起來，還是很好。如果你的心力強，日常生活中又都能夠「善用其心」，那麼你所受的效益會很快的、很明顯的增強！一個月、二個月，或者一年、兩年，你會逐漸改變個人的習性、思惟方式，以前的思惟方式是那樣，現在的思惟方式是這樣，不盡相同！現在我們的思惟方式是順著菩提道走的，一念覺念念覺，達到究竟覺，究竟覺悟者，每一位道友都可以自己體會得到的，這不是很深的，人人都做得到。根據這個路子做，只聽我公開演講是不夠的，有時候心有所感，就隨手記錄下來。

總之，我們所學的要跟我們的日常生活相結合，我們的行爲舉止也必須與我們說過的話相結合，這樣子你就不會去說傷人的話，到達了一定程度，你就不會想罵人。聽到罵人的話，你聽到的不知道是什麼語言，你想罵人也罵不出來。你知道該罵人的話，什麼都罵的出來，這就是你已經達到自然而然、不造作的境界了。那個業只是口，如果你念念的那個心，都不曾離開佛、法、僧三寶的話，心裏的惡念頭就不容易生起！也沒有機會生起，不論遇到什麼環境，你都要導引使它生起善念。

大家可以驗證一下，下次我們再來講四念住：「觀身不淨」、「觀受是苦」、「觀心無常」、「觀法無我」。這個觀怎麼觀？怎麼住？念有住，我們的念是不住的，我們要學習這念怎麼樣才能安住。

【問答篇】

問：剛才老和尚講了修觀、無常，我們都知道無常，我想只要是人都會死，既然我們都會死，本來就無常了，爲什麼還要修一個「無常觀」呢？修「無常觀」的目的爲何？因爲我們都知道既然會死就不應該再去觀無常，這是第一個問題。

第二個問題就是，《楞嚴經》裡面講，觀世音菩薩的神通具足了千萬空觀，反聞聞自性，剛才老和尚講過「善用其心」，我想請問一下「善用其心」具足了多少空觀？還有「善用其心」與耳根圓通反聞自性，有何差別？

答：第一個問題，我先給你答覆。你說人都知道無常的，可是做起來都是常的，徐居士你想一想，你做的都是常啊！你認爲你自己何時會死，你能知道無常嗎？佛問他的一個弟子說：「人的生命大概在幾天之內吧？」有的說是在一天之內，有的答在呼吸之間。佛說：「汝近道矣！」

你說無常人人都知道，可是人人現在做的都是有常啊！就連我也是如此，我知道我明天死不了啊！所以我就沒準備，萬一今天晚上死了呢？所以說「無常觀」是讓你證得，不是讓你了解這個名詞，你了解了這個名詞，不見得是事實啊！

你要能夠證得無常，基本上你起碼要斷見思惑，就因爲你沒有證得，所以佛要你觀無常。雖然時時刻刻都會想到無常，如果是思想當中修成了「無常觀」，並不是叫你自殺！觀無常是看一切事物的變化是無常的，要找無常性，你看看《雜阿含經》，看看佛說的，觀心無常，心一天天的變化，你說那是常的嗎？是定性的嗎？不住！所以無常。

第二個問題，你問文殊菩薩答的「善用其心」與觀世音菩薩的耳根圓通有何差別？「善用其心」是初入門的，從動的境界，在你每一天的境界相上，遇到什麼境界就發什麼菩提心，讓你的心繫念在菩提道上，繫念在度眾生上、成佛道上，不要岔到別處去了。觀世音菩薩就不同了，他是聞到自性的。這就跟禪宗問：「念佛是誰？」他找哪個誰啊？也就是我剛才講的佛性，我們每一個人的自性都跟佛無二無別，觀世音菩薩的法門是利根的，可以迅速證入，「善用其心」這個法門是遇事時發心，這是磨練，使你的心能夠達到那種境界，現在你的心還不能到達那種境界，所以要清淨你的行爲。

題目中就已經明白的告訴你，這樣做能使你的心地清涼，明天我們就要講怎麼念住，眼耳鼻舌身意，在你眼觀色的時候，要住在色上，耳聞聲響的時候，要住在聲上，你做任何事情要住在上面，不要讓念頭跑了，這叫住。住就是定！

《楞嚴經》上所說的二十五圓通，觀世音菩薩入三摩地證得的時候，他是從這個法門證得耳根圓通，像大勢至菩薩憶佛、念佛必定見佛，都是一個涵義。〈淨行品〉有兩種意義，〈淨行品〉是「慢來」，《楞嚴經》是「頓來」，「頓」是由「慢」而形成的，「慢」是成就「頓」的。這是《華嚴經》的信位菩薩所修的，初信佛的人必須如此修法。

〈淨行品〉是信位，善財童子最初參文殊師利菩薩的時候，文殊師利菩薩跟善財童子說的當然不是這個法，在《華嚴經》裡頭說善財童子見了文殊菩薩就生起了信心，發了菩提心，也沒說善財童子怎麼信的、怎麼修行的就過去了。只說他從那時候就一位一位的參，參到〈十迴向品〉的第七迴向，經過信、住、行三十位，觀世音菩薩示現的是第七迴向，就是二十七參的時候，善財童子才參到觀世音菩薩，觀世音菩薩在《楞嚴經》中說耳根圓通，《華嚴經》中則沒有說，這二者不能夠混淆在一起。《楞嚴經》說的是《楞嚴經》，〈淨行品〉說的是〈淨行品〉，各各法門是不一樣的。

觀照的力量

我們繼續講修觀。什麼是「觀念」？「觀念」代表很多種意義，當我們第一次看到一件事物的時候，我們只是有個概念而已。但是這個概念（就是我們的念頭）在未經過深入了解、分析的時候往往會趣於執著性，把這種概念當成是眞實的事情，其實這種概念不是眞實的。

我們看一切的事物，或你在做任何的工作、生活中所遇見的事情，你最初也只是有個概念而已，但是經過研究分析之後，透過思考，整個概念起了變化。

學佛的人，把佛所教導的，自己所認識的、體會的，再加上我們所接觸的事物，經過思考、判斷，而後才確定是否投入，這就叫做「觀」。你最初看事物的時候，只是接觸而已，經過你的「觀」，經過你的修煉，去掉粗的部份，取其細的部份，那麼你對這件事情的可行性，才會產生一種新的認識。沒有學佛以前，我們「觀」的標準就是從我們的主觀意識出發，學佛以後就是根據佛所教導的教理去比較，沒有能力去判斷的事物，就把佛所教導的話拿來比較一下，你就可以判斷這件事可以做、不可以做。

但是我們最初的時候很多都是妄想心，要怎麼樣才能夠安住呢？我昨天跟大家說過，不論你是學了義或者不了義，我們的心要安住。了義的經典是從理上來說的，不了義的經典是從事相上來說的。在事的方面，我們都有點不大清楚，但是我們用理對照、研究一下，就知道它合不合理，我說合不合理，是指合乎佛的教理。

平常我們從感情、從概念認知事物，經過分析、研究之後，變成理性的。但是，處在這社會當中，還有國家的法理，除了情理、法理，還有「性理」。「性理」也就是我們平常所謂的講「道理」，但這個社會上的「道理」跟佛教所謂的「道理」是兩回事，佛教所謂的「道理」是什麼呢？就是菩提道。我們一動心、一動念，所做、所行的事，都應該順著菩提道走，而怎麼樣才能跟菩提道相應呢？你得發幾種心，總合來說就是發菩提心，菩提心也有很多分別的。

以〈大乘起信論〉來講，要有「直心」、「深心」、「大悲心」。「直心」，就是直觀你的本性；「深心」，就是依著你的本性所生起的大慈大悲心，就是修一切善法，利一切眾生。要修一切善法、利一切眾生，都得有大悲心，沒有大悲心，你的心會不平等。這個大悲心是平等的，沒有親疏、厚薄、善惡之分。對於惡人，我們還能有大悲心嗎？越是惡人，你越要生起大悲心，你度一個惡人比度一百個善人都要好，惡人不作惡人，就都變成善人了！如果這個惡人繼續作惡，會使社會都不安寧，不久以前陳進興他們三個人，就把台灣鬧的不安寧！你把這位惡人度了，社會就會很安定，度的時候不要有所簡擇。昨天我們講過了，我們之所以不能成爲聖者，是因爲我們的心太簡擇了，分別心太重了。

但是西藏的教育沒有這種說法，藏傳佛教的菩提心是「菩提道次第」，講三心。第一個是「出離心」，出離心就是認識這個世界之後，不要生起貪戀，這個世界上所有一切的事物，不論是家庭、眷屬、財富、功名、地位、利祿，這一切都不是眞實的。你先生起「出離心」，有了「出離心」，不是只有自己出離。

第二個是「大悲心」，要是沒有智慧你能出離嗎？所以有了「出離心」是不夠的，還應當有「大悲心」，這個跟〈起信論〉所講的是相通的。「大悲心」就是度一切眾生，你看看這世界上充滿了缺憾！這個不好，那樣也痛苦，你先生起「出離心」，要離開你的眷屬乃至一切眾生，然而一切有情應該讓他們也都出離，這就必須有「大悲心」。如果你的「大悲心」不夠平等，有簡擇、有分別，這樣的「大悲心」是不正確的。

第三個就是「般若心」，「般若心」就是智慧心。只有「大悲心」是不夠的，還要有智慧心，以智慧來主導你的「大悲心」。就好像剛才我說的，對惡人，還有非善非惡的、各形各類的人物，有了大悲心之後，我們用這個「般若心」來指導對機說法，使他能夠出離。

佛說的「道理」指的是這個，我說了這麼多也是在解釋這個「道理」，什麼「道理」呢？菩提道的「道理」，除了情理、性理，還有社會上的一些法理，我們所講的是「道理」，都不是菩提道的理，講的是世間的道理。世間的道理是沒有標準的，我們拿什麼來衡量？大家都覺得自己有道理，是你對？我對？究竟是誰對呢？不論民主社會也好，專制社會也好，封建社會也好，那個「理」就是金錢、權勢，如果「道理」是建立在這基礎上，你們說法官判案公正嗎？不論哪個國家，想求得合理的判決，只要你的心平了，那就平了，就合理了。

如果照菩提道的理來講，就完全不合理了，菩提道的理是不是攝受世間的道理呢？應當把它攝受進來，你最初應當有這個概念，用這個心來修行，不論你修行那種法門，都是無障礙的，都是圓融的，不要去分別哪個法是大的，哪個法是小的。假使你的心量大，你觀苦、觀無常，按說這都是小教的教義，但是一切的苦無自性，苦的性是什麼呢？它沒有自性的，苦性即是樂性；樂性也是苦性，就是苦樂平等。你心中不存在苦樂性，也就沒有苦，也沒有樂，這就究竟了。

聽到好多佛教弟子說：「我信佛這麼虔誠也幾十年了，爲什麼佛都不加持我，讓我病痛的這麼嚴重啊！爲什麼讓我遇見倒霉的事！」你說他圓融嗎？他達到苦性了嗎？當然沒有。這是觀照的力量不夠，這就是他在研究、分析的時候，認識的不夠，這裡頭摻有善惡因果。因此，我們必須自己如實的修，我剛才講的道理就是如理的修，合乎情理的修。但是，在法上可以如此說的，這是菩提道理上講的，我還沒有講到正題。

我在前面跟大家講應當具備什麼心，讓你以後好修行，修行的時候就沒有困難了，也就不會問怎麼樣修行啊？有些出家師父出家一、二十年了，也還沒有入門，不知道怎樣修，是根據這個問題講的，大家別把主題忘了，而偏離了主題。我說的這些是前方便，因爲是前方便，你必須得這樣準備，你能準備些什麼呢？要相信自己是佛、相信自己有佛性，你要是學《華嚴經》，就相信自己是毘盧遮那佛，你要是念阿彌陀佛，就要相信自己是阿彌陀佛，阿彌陀佛的佛性跟你的佛性是相同的。因爲，你既然相信了，從根本上就已經進入了，當遇到任何困難的時候，你解決困難的思想就不同。

因此，第一個要有信心，你問我，佛性在哪裡？在我們身體內？在我們身體外？是徧一切處？學過《楞嚴經》的，就知道所謂的「七處徵心」。現在你先不要問佛性在哪裡，佛性在哪裡，哪裡就能得到快樂；你快樂的時候就是佛性，你痛苦的時候就不是佛性，因為你已經失掉佛性了。先問你自己信不信佛，我們有好多學佛的人，問他這個問題的時候，他就說：「我有信心！我相信佛！」但他並沒有直接回答我，能相信自己的心，很少人能這樣回答。現在我們應當相信自己的心，相信自己的心即是佛，我們有佛種子，要相信自己一定能成佛；能依這個佛心來修一切法都是佛，你要先具足這麼一個信心。

譬如說持〈大悲咒〉、念〈普門品〉，你有所求，也許請求神丹妙藥，或者你是幫人求。感應好的時候，就把這個功德都說是咒語的靈驗、觀世音菩薩的加持，你忘了自己就是觀世音菩薩。當你持咒的時候，你的心跟觀世音菩薩相契合，跟〈大悲咒〉相契合，跟法相契合，跟佛相契合，跟一切僧相契合，這種加持力是自心顯現的。

因此要建立這麼一個信心，而後當你修一切法的時候，能有這麼一個基礎，先把你的心訓練的堅信不移了，再也不動搖，以後修法的時候，你就很容易進入狀況。不論你念經、持咒、拜懺，不論修哪一個法門，都能夠很快地進入。當你進入之後，你就逐步的認識自己的功力到達什麼程度，如果自己還不理解，你可以對照經典，就會知道。因此在日常生活當中，你就可以提起觀照的念頭。

佛法在哪裡呢？就在你日常生活當中，佛法在哪裡呢？就在你自己的心中。把你的心跟日常生活結合在一起，不是兩條平行線，而是一條直線。把所學到的佛法運用到日常生活當中，不外乎有兩種，一種接觸人，一種接觸事。不論在人、在事上，你都得這樣用心，這樣處理問題，你會處理的很恰當。在病苦的當中，特別是在困境當中，你就會感覺到心的威力，體會到佛法的威力，因爲佛法就是心法。

我感覺我們很多道友，以爲修行就是念佛、念菩薩聖號，或者念大乘經典才是修行，反而覺得做飯、燒開水、或者遊山玩水，都不是佛法，這就錯了！沒有一件事不是佛法，沒有一件事離開你的心而能成就的，你要把一切法都運用到自己的心上，以這個心再來修行起觀照，就會很快得「定」，這個「定」並不是說六根都不動了。我所說的這個「定」不是指這個「定」，而是在眼觀色、耳聞聲、舌嚐味的時候，都在「定」中，所謂「那伽常在定」，這個「定」要怎麼修呢？就是要「觀照」。

觀照，在教理的術語，叫「毘鉢舍那」。「毘鉢舍那」，叫做「觀」，「觀」就能夠得到三昧、三摩地、禪定、奢摩他、止。這些都是一樣的，名詞雖然很多，但是，意思只有一個，簡單的說就是「定」，「定」了才能生慧，沒有「定」的慧是沒有根的。

這個「定」要怎麼學呢？就是心裡上經常的覺知，心裡覺知就是明白。佛就是覺，也就是明白，你明白了，正知正覺了，這就是佛。經常有佛的覺知智慧，覺知觀照。覺知觀照什麼呢？一舉一動、一言一行都是觀照，清清楚楚、明明白白的，但觀照的方法是隨個人的做法而有所不同。

我以前觀照的方法，是念阿彌陀佛或者念地藏菩薩，用呼吸的方式，吸氣的時候就念「阿彌」，呼氣的時候就念「陀佛」，或者「地藏」、「菩薩」都可以，你用久了就可以一鼓作氣了。一呼一吸、一吸一呼都是地藏菩薩，隨時這樣念。

有一位緬甸的大智者馬哈希禪師，他教導一種方法很適合我，但是他的方法不是像我以佛菩薩爲名號。他都觀照些什麼呢？他說要觀照吸氣，往內吸氣腹部就脹，往外呼氣腹部就扁了，就觀你呼吸時的腹脹、腹扁，思想自然就會專注在這個動作上。

如果我們不注意還是注意不到，他還告訴我們，你可以用手摸摸自己的肚皮，一吸氣肚子就往上鼓了，一呼氣肚子就扁了，專注在你肚皮上不放。人必須呼吸，但是這個做不住、念也定不住，用這種息念住的方法，念定不住跑了，你也不要著急，也不要非把它拉回來不可。馬哈希禪師的方法是不拉，我以前的方法是拉回來。好比說念頭一走了，把它收攝回來。馬哈希禪師是隨著念頭轉變，他說，你觀照腹部的脹扁，把能動念的心，跟你所觀的，隨你腹部脹扁的現象，就是觀照使它不失，念念的使它不走樣，念念的去觀照。

就像我們拿箭射靶，箭箭都射中的意思。觀照不失，如果這個念頭跑了、岔開了，念頭晃蕩了，不觀照腹部了，呼氣時腹部自然的會扁，吸氣時就脹了。吸、脹、扁，用手觸摸，但是念已經跑了，不在這上面，怎麼辦呢？你趕緊對自己觀想說：「散了！散了！」經你這麼一說，你的散亂就回來了，你說：「散了！散了！」散亂的現象就沒有了，這就是「照」。這樣的「照」就叫「念住」，念必須要住到這個脹扁裏頭，不要讓它散了。你這樣的對照一、兩次，散亂的現象就沒有了。初次使用的時候，你中間住久了就是呼吸，清清楚楚的「觀」就是呼吸。

我以前念「地藏菩薩！地藏菩薩！」如果念頭跑了，趕緊把它收攝回來，馬哈希禪師觀照的方法比我的方法更好，他不收攝就隨著念頭轉移，念到哪就住到哪，這就是「念住」。念到哪就住哪，晃蕩就讓他晃蕩，它一晃蕩，你就隨著晃蕩起觀照，一觀照，晃蕩就沒有了，散亂就停止了。散亂一停止之後，再恢復觀照，觀照什麼呢？觀照扁、脹，就這樣觀照。

馬哈希禪師有時在修行的時候，隱隱約約之間好像撞見一個人，本來在觀照腹部脹扁的他，也是恰巧撞見這個人，一觀照之後又沒有了，沒有了又回到脹扁的情形；或者遇見一個人與他聊聊天、說說閒話，在閒談的時候就隨著閒話去觀照。他的意思就是，你隨著你生起的這些妄念、妄想、習性去觀照，一觀照之後，妄想就沒有了。

在任何起心動念、回憶的時候，你都不離觀照，一旦觀照久了，這些現象都沒有了，又回到腹部的脹扁了。但是在這當中有很多過程，譬如有時心情很快樂，你就觀快樂；有時很憂傷，就觀憂傷吧！不要起分別，觀的時候就是一照而已，因爲你的正念注意的是腹脹腹扁，就這一境專注不離，任何事情你都不要讓它岔開。

如果沒有生起觀照的時候，你很容易心隨境轉，別的境界一來就隨著它跑了，這一跑就岔開主題，結果工夫全忘了。如果你生起觀照，其他的境界都空了，你就把正念提起來，這樣的觀照就很容易入定。「觀」就是讓你容易入定，看起來好像離開了，沒有佛法了，其實就隨著你的生活觀照，這就是佛法的根本教理，就是止觀。觀了之後就能定，就是止觀雙修的法門。

只不過馬哈希禪師運用的方法不同，觀外界的境就是腹部的脹扁，但是，觀心跟所觀的外界好像是兩回事，因爲有時候作觀時好像是境先起，心在後，等你觀久了，好像是心先起，才起心動念了去觀。心先起，境先有，這都不對的，到了「心」、「境」同時，一觀照心起念動，念動境界現前，境界現前兩個同時的，就是能觀的心跟所觀的境同時生起來。觀到最後，能觀的心也沒有，所觀的境也沒有，「心」、「境」俱寂。

禪宗舉了這麼一個例子，一位牧童最初放牛的時候，時時刻刻小心地把繩子拉緊，深怕牛跑了，傷了別人家的苗稼。日子久了，那頭牛習慣了，那位牧童也就沒有心思再管牛了。後來，那頭牛沒有了，牧童也沒有了，這就是「心」、「境」雙亡，就達到禪宗入定的境界。

禪宗這種境界，類似馬哈希禪師所說的那個境界，不過馬哈希禪師的方法是有境界相的。像我以前念地藏菩薩爲修行宗旨，我也這樣觀、這樣想，但是我的方法是念頭一跑了，就把它拉回來，深怕它跑掉。馬哈希禪師是放任它，隨著自己的意識去觀它，意識來了就認眞去觀它，意識走了你再把它拉回來，就這樣觀想，意念飄浮不定，到最後就能達到心境專一了。但是我們的六根不只有這一個，有時你可以用耳朵聽腹脹和腹扁的聲音，儘量讓自己沈靜下來，你會聽到自己的呼吸很粗、很重，好像腹脹的很厲害，腹扁的也很厲害。

其實這些都是幻影，你隨著這些幻影一觀，幻影也就消失了，眼耳鼻舌身意都是如此，你就一一的觀。比如我們現在打坐、修行，打坐時想息定，初坐時沒什麼感覺，坐久了腿就開始酸了，僵硬了，發痛了，就會影響你的觀，你就會放下不觀了，開始觀腿痛，爲什麼他會腿痛？當你觀想力強的時候，痲也不痲了，痛也不痛了。

如果一直的觀還是解決不了痛的事實，腿確實還在痛。你想換腿，你就隨著這個念頭想：爲什麼你想換腿？爲什麼想換個姿式？就觀這個換姿式，觀想換姿式的一舉一動，爲什麼要觀呢？清清楚楚地就像照相機一樣，一個個都照得清楚，這就是心法相續的意思。你相續不斷的觀，那個幻想、妄想自然都消失，這個時候唯有你所觀的境，目地是達到能觀的心與所觀的境調合成一個。

如果念佛，你就觀阿彌陀佛，或者你念地藏聖號就觀地藏菩薩，有時你觀到滅盡定處，能觀的心、所觀的像和所念的聖號全都沒有了，這個就叫有工夫。但是，因爲你不能長時間保持定的狀態，就必須隨時的起念，隨時的觀照，眞正的達到連續不斷的觀感，觀感其實就是感受的相續。只是我們說的那個受蘊，比如酸、痛、或消失、或快感、或痛感，都只是一種感受的相續，而且感受的相續，也就是你心法的相續。當這種觀修行久了，感受就漸漸少了，你又可以回來觀照你腹部的脹扁了。當你達到不爲一切外境干擾的時候，能觀腹部的心與所觀腹部的脹扁都沒有了，這時候你就要入定了。

馬哈希禪師告訴我們，你觀什麼就把念住上面，他不斷重覆的說，觀搖晃就觀搖晃，他重覆幾句是讓你注意觀，觀搖晃，心就住在搖晃上，觀酸痛，心就住在酸痛上，心住就是念住，念住在那兒，那兒就沒有了，你不念住，反而妄想紛飛，等你一住反而沒有了，他就是這個涵義。到這個時候心純念止境亡，心是純一了，能念的心就沒有了，境界相也沒有了，境界相都是幻相，這些都是沒有自性的。所有一切的事物都是沒有自性的，你要能觀想。

《楞嚴經》上提到月光童子觀水觀，月光童子在作觀水觀時，發現他身體沒有了，其實都是水，觀什麼都是用我們的心力轉化而成，這是心力的轉化。所以這種觀，最初修行的時候很難，但是，你也不一定要照馬哈希禪師的方法，可以用自己的方法去觀想。熟悉了，你就可以運用自如。在過程中你必須要有耐性，爲什麼要有耐性？例如：你打坐腿酸了，你要有耐性，不要腿酸了就馬上換腿。你這麼一觀它就不痛了，久而久之自然就入定了。你要是一入定了，任何痛苦都沒有了，這種入定的境界，或者幾十年、幾百年，或者幾千年、幾萬年。因此，入定的時候可以延長，最初時候你會有痛覺，那個痛覺是覺得痛，那個覺不痛，《楞嚴經》是這樣告訴我們的。

「有覺覺痛，無痛痛覺。」感覺痛的那個感覺不痛了。就像我們開刀打麻醉針的時候，麻醉針把你那個覺麻醉起來，你就不知道痛了。麻醉藥在你身上也起不了作用，肉體本身沒有痛覺，也沒什麼不痛，是因爲你那個覺，那個覺本來是「有覺覺痛」，那個覺本身不痛。「無痛痛覺」就是能覺照那個「有覺覺痛」，它不迷的，永遠都不迷的，是因爲你所覺的物體迷了，所以妄覺就不同了。

由此又讓我們聯想到懺罪。我們每位道友，包括我也是這樣的認識，因爲佛的教導，「假使百千劫，所作業不亡，因緣會遇時，果報還自受。」一作百千劫，在你沒有成道之前，業報是不亡的，成了道之後是不是業報就盡了？沒有，佛還是示現受報，雖然他受報就是我們剛才講的這個覺，因爲他沒有痛苦，他受報的時候，沒有感覺，沒什麼障礙。

另外像我剛才所講的，你觀照成功了，這些都沒有了，爲什麼呢？假使說我們業報不能轉、不能消滅的話，學佛有什麼用處呢？我們永遠也成不了佛，這是了義的說法。業性本空，就像我們在修空觀的時候，說業沒有自性的、緣起的。業的體又是怎麼樣的？是空的！「業性本空唯心造」，都是我們自己心所造的。

所以現在我們修的這個心是妄心，必須達到「心境雙亡」的境界，「心若滅時罪亦亡，心亡罪滅兩俱空」一心也亡，罪也滅了，兩個都沒有了，根本什麼都沒有，都只是幻覺。「是則名爲眞懺悔」，懺悔達到這個境界才是眞懺悔，一切法都是緣起的。

我們時間不夠，本來我想講「緣起性空」，這是佛教最究竟根本的。一切法就是「緣起性空」，爲什麼會緣起？爲什麼是性空？因爲性空故才能緣起；因爲緣起故，說它沒有自性才能空，這是兩面活用的。我們剛才講修行，這是心裡的觀想，而一切物質是緣起的，在心裡上，我們就說它是性空，讓「空」和「有」相互溝通一下，「空」、「有」無二。這種觀想法門，大家隨時要觀，當你最痛苦、障礙最深的時候，你就修這個觀！佛在教導方面所用的文字太多了，但是你要想修行，就要用這個法則來對治你的痛苦，對治你的障礙。你一觀照就沒有了，因爲你已經修成，你在定中就沒有了。

緬甸的馬哈希禪師還講一個故事，說佛陀滅度四個月之後，就舉行了第一次的佛經結集，共有五百位高僧被選中來進行這項工作，可是除了阿難尊者是初果須陀洹之外，其他的四百九十九位都是阿羅漢，爲此，阿難尊者在結集的最後一刻，其他的人還是不准他進入結集場，阿難尊者就盡力修習禪定，繼續觀想身念處，那時候正是八月的第四個星期。他在修觀的時候，是用雙腿行走，不停地走，專注在自己的步伐上，可是還是無法證得阿羅漢果。

阿難尊者就回想佛陀對他講過，繼續修習禪定，一定可以證得阿羅漢果。阿難尊者注意到自己太過急躁以及定力不足才導致散亂，所以他就停止行走，讓自己平和起來，於是他就躺臥下來繼續觀察。當阿難尊者走進房內，坐在床邊開始躺下來，阿難尊者就開始觀想：「倒下！倒下！」注意到他手、腳的姿式，阿難尊者是在觀察「倒下！倒下！」的時候開悟了，證道了，從初果到二果、三果、四果，一瞬間就證道。他修行的過程很長，但是，證得的時候很短。

所以我們在修行的時候，越容易觸動內心感覺的時候，你馬上就得到解脫了！當我受難住監獄的時候自己就嚐試過，我觀想是不是有監獄呢？我是不是住在監獄裡呢？觀想監獄就像我初出家住在山裡修行的時候一樣，這又有什麼差別呢？在這裡還有人送飯來，門外還有解放軍拿槍守護著，保證我的安全，我什麼都不用過問，虎、狼、獅子都進不來，住在山上，有時候還吃不到飯，在這兒時間到了就有吃的，跟我們閉關時，關上門不出去不是一樣嗎？有什麼差別呢？但是，這樣一想，別人雖然覺得很苦，我在監獄裡頭就不覺得怎麼苦，要是苦了我也活不下去，這不是一天、二天的事。

有一次，在我被吊起來受刑的時候，我就觀想假使人最初的生活就是這樣，一天當中把你吊起來打幾次，你自然也就無所謂了。雖然被吊的時候很痛苦，有時候還會痛昏過去，然後又醒過來，想不起來剛才發生了什麼事。心裡頭想著吊一吊就吊一吊！時間久了，他們知道這種方法對我起不了作用，也就不做了。

我親身經歷過最痛苦的事情，好比說「開刀」，我不是在說別人，而是說我自己。我開完刀之後，醫生告訴我，他切開我的腹部，把裡面的腸子都取出來清潔、消毒，並切除有癌細胞的部份。我醒了之後，回想自己又下了一次地獄，《地藏經》裡說的「抽腸剉斬」一把腸子全部抽出來然後一段一段斬，不是這樣的嗎？抽腸下地獄也不過就這麼回事，也沒有什麼了不得的。其實，一切的苦難都是你自己找的，你認爲它苦，它就是苦，你認爲它樂，它就是樂，你要轉變一下心境，這就得靠觀力了，如果你不這樣想，不轉換一下想像力，你活不下去的，別說三十三年，三年也活不出來。

但是有監獄嗎？沒有。有沒有地獄？沒有。你們的土城監獄就在這裡，你說有沒有監獄？其實，你們也沒有去過監獄，你也沒有參觀過，監獄跟你毫不相干，因爲你沒有這個業。說地獄眾生這麼多，跟你有什麼關係？你沒有造地獄的業，你也沒有像地藏菩薩發願去度眾生。說你不會去地獄，因爲去地獄有兩種因緣，一種是威神力，一種是業力；這兩種你都沒有，也就跟你不相干，也就跟沒有是一樣的，是不是啊？

我們都知道大西洋彼岸有個國家叫美國，現在中國大陸上，據我所知還有一、兩千萬人不知道有美國這個國家，你跟他說，他也不相信。像我去西藏的「類烏齊」（大山），我跟他們說北京這個地方，他說人間沒有北京這個地方，或許天上有，但他們絕不相信你的話。但是，你要是跟北京人說西藏「類烏齊」的人茹毛飲血，到現在衣服也不穿，就這樣生活著，他們也絕不相信，好像我在說瞎話。

可是，這是我親身走過、經歷過、看過的，因爲我有這個業，你沒有。在西藏十年的時間當中，五年在拉薩學法，其餘五年到處走走，五年的時間所看見的事情、所看見的人，都不能對別人講，講了別人也不會相信，因爲別人沒有這個業，我有這個業。爲什麼我想往那裡走，現在我問我自己：「爲什麼年輕的時候往那裡走，走的時候還是一個人，你不怕人家把你整死嗎？不怕遇到野獸把你吃了嗎？」那時我腦子裏從來沒有想過這些問題。

因此我們在修行、修定的時候，你要專注一境，剛才我講的例子，你只要專注一境，就可以修行。昨天我說過，你做飯、哄小孩的時候，都不妨礙你的修行，不論你做任何事情只要把你的心都住在上面，這才是念住；做什麼就念住什麼在上面，最後就可以學成功了。你住在空義上就是空，念住的意思就是這樣。

我剛才提的問題還沒有解答，業如果能轉，等於沒有因果，可是如果業不能轉，我們信佛做什麼？信佛能轉業，讓我幸福，但是求也求不到，大家要參一參啊！我雖然不見得解釋的清楚，但是你自己要參一參、想一想，必須經過思想、認識，你才能解答，業是不能轉，但可以由你修行三昧的力量來轉了，業沒有了，報也沒有了，但是我們現在是業報身。

我原本該死在監獄的，但我把它轉了，所以我沒有死又出來了。原本開刀該死的，結果開刀也沒有死，也轉了，這就是能轉啊！開刀不一定得死，是不是啊！有的人會死，有的人不會死，這是沒有保證的，沒有決定性的，都是兩面性。什麼是決定性呢？我們依自己相續的心力不斷的修行，這就是決定性，當你力量達不到的時候，或者心力沒有達到某種程度的時候，你的業也是不能轉的，一定得受報；當你達到了，受即無受，不轉也轉了，遇到問題要能這樣想，求人不如求己啊！

我昨天說過求佛菩薩加持的時候，佛菩薩有三種不能！辦不到，就得你自己消業，因爲是你自己做的，你必須自己消。那我們還求他幹什麼？如果我們不求他，我們的心力就生不起來，其實我們求他的時候，也就是我們自己心力生起的時候啊！我們感到加持，那是佛的加持，佛就是我自己，我自己的心就是佛。所以，我爲什麼讓大家相信自己的心就是佛呢？反覆地說這個問題，要有「信心」，把「信心」兩個字中間打個逗點「信，心」。信，就是信自己的心，這個心能作佛、作菩薩、作眾生，也能下地獄。十法界唯心造，因此大家在修觀的時候，要把你所學的佛法運用到你日常生活當中，不要讓佛法跟生活脫節了，成了兩條平行線。

我在這裡拜懺與你在公司上班一樣，你把上班時的那份心力依著〈淨行品〉中那個發願的心來運用，我上班是做什麼的？是利益眾生的。有幾種行業我還沒想出來它要怎麼迴向。例如：屠宰業，他們在殺雞、殺鴨的時候說是在行菩薩道，你要是大菩薩可以，我給你一刀，送你到西方極樂世界，你走吧！假使那眾生會說話，我肯定牠會這樣說：「你慈悲慈悲，我不想去極樂世界，你不要殺我！」但是，這要看你自己的心，選擇職業很困難，哪怕是餓著，也別去做屠宰的行業，我們這裡好像沒有從事屠宰業的，但是殺雞、殺鴨的人還是有的。

我們有好多弟子還是吃葷的，吃葷是可以，我也不勸人家信了佛就一定得吃素。雖然你信佛，但是你先生或者你太太他們未必信！或是你只信了一半還有一半不信，還有些小孩子是全家人一起吃飯的，你要吃素卻讓家人都跟著你吃素，這是不可以的，這會使他們都謗佛；你不但沒有幫助自己反而是害了自己，你如果安不下心來，就隨緣吧！家人吃肉你吃菜！同一個鍋煮的食物，人家吃菜邊肉，你吃肉邊菜，那不就好了嗎！不要成為家人的障礙，這不是條件，但是你還是不能殺生。你可以要求家人到市場買現成的給他們吃，不能買活的回來在家裡宰殺，那樣會帶來很多的戾氣，家宅會很不安寧。

古人說：「欲知世上刀兵劫，但聽半夜屠門聲。」現在豈只半夜，什麼時候都可以宰殺了，每一天都有人在宰殺，豈只大生物、小生物、魚、鱉、蝦，每一盤菜都得宰殺多少生命啊！你想要世界安定，這怎麼可能呢？我昨天講世界的構造不安定，再從你作業的不安定，你怎麼樣能夠快活？不可能，那是我們求自己，讓我們自己心安。

因此在日常生活當中，你不只要會用「觀」，還要會用「願」及「迴向」。我剛才說的那些話不是笑話，這跟我們放生一樣，看著別人殺生，或者你會說反正牠遲早也是要死的，我不殺你，別人也是要殺你，我不買別人也會買，到時候照樣也得死，你跟我結緣了！我給你作點佛事，我沒有殺你之前，我給你念念咒，我殺你之後，我還要還你的命債，將來你在殺我的時候，你也給我念念〈往生咒〉什麼的，你這樣子送牠走。這是被動的，並不是你主動的，因爲你被動的非這樣子做不可。

如果你選擇的職業是在廚房裡當廚師，廚師是一門職業，要是有客人點一道菜你不肯做，老闆買的海鮮你也不肯做，你這職業也做不下去！這飯碗就砸了。但是如果你能到素食館去做更好，一樣能維持生計。

所以，職業要有所選擇，這就是「善用其心」，這一、兩天我跟大家講的就是：一個是你要會修觀，一個是「善用其心」。就是把你的修行跟日常生活結合在一起，把你所學到的佛法一點一滴的運用到你的思想生活當中，你就能得到很多好處，你的心眞正得到「靈」。

我說的「靈」並不是神通，其實現在我們一舉一動都是神通。有個人跟我說神通，我說你的神通現在也不小，當時這個人是開飛機的，駕駛飛機的機長不是神通不小嗎？那麼重的飛機他都能把它駕駛到天上去，神通不是很大嗎？阿羅漢也沒有這樣，阿羅漢的神通只限於他自己，大型飛機有四百多人，小型飛機也得有幾十個人，你說把那架飛機送上天，容易嗎？可思議嗎？不可思議嗎？阿羅漢的神通能帶個幾千、幾萬個人上天嗎？或許天神可以如此。

眞正講起「神通」這兩個字，「神」名天心，佛教講的「天」字是自然義，佛教中的天是自然形成的，除了六欲天跟人間是一樣的，忉利天跟四王天他們待在土地上，他在須彌山頂上，四王天在山腰，其他的天在空中，我們一般人看的是天空，他們看的是土地；我們看的是水，餓鬼看的是火；天人看的是琉璃，因爲他們戴的眼罩都不相同，所以看到的也都不相同。因此，有好多問題都要從我們心裡頭去解決，從誰的心裡頭呢？由你自己的心裡解決，不要聽誰說有什麼神通、妙用、幫你消災免難，都是騙你的！我不該說這話，我要懺悔。

如果說家裡有年老的人過世了，你不作幾場佛事，不請幾位師父念經，別人會說你不孝，好多人會指責你、罵你，你必然得請幾位師父念經，但是這樣有沒有好處？有，只是好處很小，用處不大。如果能把老父親從地獄度升到天上，問題就解決了嗎？還得靠你念經的力量，念經的力量一旦消失了，你有辦法讓他自救，讓他自己修，那才是眞實的。勸大家多往心裡頭用功，供養三寶有功德嗎？肯定是有的，那是求外福德的，解決不了你的任何問題，你要成佛還是要你自己修。

我在溫哥華的時候經常對一些道友說：「你不要一天到晚東奔西跑的，這個道場結束了又再趕那個道場，到處當義工等等，你在家好好靜坐一下，觀觀心，念佛也好，念經也好，這才是你眞正能得到的。」因此，有些出家師父就罵我：「你老了，胡說八道，大家都不來寺廟，我們不都餓死！」我也就不敢多說了，其實，應該是你自己來修行，等你修行有工夫了，才可以東奔西跑。現在，我們修行的力量不夠，自己又沒有做什麼善事，跑跑寺廟，到處看看，隨喜隨喜，這樣也可以種種善根啊！你來生是不是還能來做人？是不是還能得一個暇滿身？是不是還能遇到佛法？這就很難說了。

《地藏經》上說能聞《地藏經》再不墮三塗，但是《地藏經》沒有說你不用再繼續修行！不墮三塗了，就能保證你成佛嗎？地藏菩薩沒有這種力量，是因爲你念了地藏菩薩、念了《地藏經》，你的心跟地藏菩薩結合在一起，這是你自己的力量，相信自己，請大家有「信心」，別忘了「信心」，信你自己的心就是佛，信心是佛，信心做佛，祝大家早日成佛。

【問答篇】

問：如何依《占察善惡業報經》使用占察木輪？

答：占察木輪有個〈占察相法〉，就是占察輪的相法，占察就是算命打卦，佛經只有這麼一部，在佛經裡頭制定戒律不許算命打卦，所以當堅淨信菩薩請問佛：「在末法時眾生信心不堅定，懷疑心太重！今天信了，明天不信怎麼辦！有沒有微妙特殊的法門？」釋迦牟尼佛說：「有！但這個問題你去請會中的地藏菩薩跟你說！」

有人問我：「爲什麼佛不說？」佛知一切，爲什麼不說，而讓地藏菩薩說？我在講《占察經》的時候，就代替佛回答：「佛自己制定的戒，不許用算命打卦，就讓地藏菩薩說這部《占察善惡業報經》。」占察就是占卜，察就是對照一下，合適不合適，相應不相應，這個純粹是爲了讓你修觀、修定，達到一實境界。

《占察善惡業報經》的上半部是爲方便修的，如果你現在有些困難，有些地方不明白，就可以用占察輪。占察輪有三種相法，第一種問過去世，是從什麼道來的，所以今生得遇佛法，也能聽聞佛法。前面一到十，共有十種，說你過去學過佛法，種過善因。從十一到一百六十，共有一百五十種，就是問你的人生當中，生老病死那方面的吉凶禍福，買房子置地、做生意以及這個投資好不好都包括在內。任何你想要問的事，占察一下，地藏菩薩都可以告訴你。

但是有一個條件，用占察輪的時候必須拜懺，怎麼拜呢？不是拜占察全本的懺。第一個禮拜十方諸佛，第二個禮拜十方尊法，第三個禮拜十方賢聖僧，之後，禮地藏菩薩，磕三個頭，最後還得念地藏菩薩聖號一千聲，這就是攝受你，這就是方便善巧。之後你再依你的力量供養，香花、燈塗都可以，點上燈，磕完了，才開始占。

你最初使用的時候，多半不相應，你問害病，它說你發財，這就是不相應，你問的跟答覆的兩者不相應，怎麼辦呢？你重新念、重新拜、重新再占，經過幾天之後，你才能夠相應！以後就會逐漸的相應。一定要拜懺，你要是拜《占察懺》，相應的時候就多了！我的意思是要是有人要用，我也不阻止。這是你內心裡有懷疑才有需要，如果你對什麼都不懷疑，從因果上講你不懷疑，從道理上講你不懷疑，從發菩提心上講你不懷疑，不懷疑就沒有必要占。吉凶禍福就靠你自己，你自己怎麼做，你自己不清楚嗎？這是第一個問題。

問：在修行過程中如果有疑問可以寫信請教師父嗎？

答：可以啊，哪位師父都可以，有的師父願意答覆你，有的師父不答覆你，那也是隨緣。你要請問師父，你得找那位肯答覆你的師父，找那位肯發慈悲的師父，你要先知道他的地址；像我漂浮不定，一會兒在溫哥華，一會兒在美國，一會兒在大陸，你上那裡找我啊？

問：如果可以的話，信可以寄到何處？

答：這裡有一間方廣出版社，出版社的人員會告訴你，你把方廣的電話記住，或者你要請經，或是印經結緣都可以。

這是哪位道友的問題？他要請占察輪，一定要拜懺。我曾經問我的過去生，究竟是什麼因緣今生才能作和尚？我問了幾次，有一次三次數字加起是這個數字，但是我還是有所懷疑，就再擲三次，結果還是同樣的數字。占察輪的數字是從一到十九，爲什麼是十九個數字呢？六根、六塵、六識、十八界加上一個根本無明，所以這個數字是十九個。

當你擲這個輪相的時候，如果地藏菩薩沒有來到道場，如果他的護法不在，你怎麼知道這個數字不準，因爲這個數字一百八十九，六個數字，一二三、四五六、七八九、十十一十二、十三十四十五、十六十七十八，總共六個輪，每一個輪子十八個數，你擲三次加起來的總數，前面的數字是一，最後的數字是一百八十九，要得到一百八十九這個數字必須六個輪相的數字，每次都是最大的，三次加起來才是一百八十九，每一輪四面，三面有數字，一面沒有數字，六個輪擲三次只出現一個一，如果是菩薩占卜，我就沒有話說，否則的話，你是擲不出來這個數字。

還有像我說的，擲六個輪，三次加起來的數字都是那個數字，你就不要再懷疑了。你知道自己拜懺的效果很好。有一點必須要注意的，就是一定要拜懺，遇到現不好的卦相，說你要倒霉，業障現前，說這個病好不了，怎麼辦呢？地藏菩薩說，這也有辦法，就念我地藏菩薩名號一萬聲之後，就開始拜懺，觀想你的業障已經消失，這樣你的問題就轉化了。

輪相還可以告訴你，現在給你看病的醫生不行，請你換一位醫生。一個輪有一個數字，大家可能不相信，但是你們不要懷疑。

例如你要占問這位師父，考驗他是否真的有道德？是否是欺騙人的？你擲一擲問問看，說我可不可以跟這位師父學？他有沒有道德？地藏菩薩告訴你說：「他沒有道德，他是欺騙你的，不要跟他學。」你就不可以跟這位師父學，如果他說：「這個師父有道德，你可以跟他學。」

不過，你要選擇跟隨哪一位師父，你先得自己考量考量。你選擇師父，其實師父也在選擇徒弟，不是嗎？如果他不選擇徒弟，要是收了一位德行壞的徒弟不是倒霉了嗎？把自己也連累下去了。但是，你還是得發慈悲心，越壞的人越要度他。

捨離的智慧

學了佛之後，對我們有什麼好處？又爲什麼要學佛？我們大家都是各人有各人的工作、家庭生活，我們學了佛，要怎樣才能跟生活、工作結合起來呢？按照所學到的方法來指導我們的生活、指導我們的工作，那麼我們學佛就會很有意義。如果是離開你的生活習慣，另外去做佛教的事情，這好像很不方便；我現在就跟大家講講，怎樣能夠使佛法跟你的生活、工作結合在一起。

我們知道佛法中最究竟的了義，就是發菩提心、行菩薩道、證菩提果的過程；但是發菩提心包括的內容很多，就說我們在家的學佛道友，工作忙，家庭事務也多，要怎麼樣發菩提心呢？怎樣行菩薩道呢？怎樣能證菩提果呢？如何把佛法跟你的工作、生活結合在一起來修行？因爲在日常生活當中，我們會遇到很多的人、接觸很多的事，在遇到每個人的時候你該怎麼樣處理？遇到每件事你又該怎麼樣處理？我想跟大家談談這個問題。

首先要知道佛的涵義。佛是什麼意思呢?在印度的原話叫「佛陀耶」,「佛陀耶」翻譯成中文就是知覺的覺,覺悟的覺,就是覺悟;或是再淺顯一點說,就是明白,你要是明白了,你就是佛,要是不明白、糊裡糊塗的,你就是眾生。我們學佛的方法就是學覺悟的方法,學明白的方法,用這個方法能使我們明白,能使我們覺悟,我們就把這些方法運用到你的生活,運用到你的工作,要怎麼來運用方法呢?

發了菩提心之後,它包括很多的內容。第一個內容就是要有出離心,你要怎麼樣生起出離心呢?就是要認識這個世界,認識你當前所生活的環境,你要是認識了當前所生活的環境,你就不會受到環境的迷惑,受到傷害了;你能夠隨順這個環境,使這個環境中生存的一切事、一切物、一切人,都能夠愉快安定,你就是行菩薩道了。

我們現在講課學習的地方是一所醫院,這所醫院裡頭所有的醫生、護士、勤務人員、一切工作人員都是在行菩薩道,這就是菩提心中的大悲心;要能對一切人慈悲,醫生對待病人要付出大悲心,這個大悲心裡頭就要有智慧，沒有智慧，你這個大悲心生不起來，而且這個大悲心還是「愛見大悲」。當你看見病人，看見那些死亡的人，看見那些植物人，失去了工作能力了，甚至失去了生活的能力，你總能想到他們的痛苦。

如果你又能設身處地的用佛教導的方法去愛護他們、幫助他們，使他們能夠認識病苦是怎麼來的，那麼這個工作、這個環境，對我們行菩薩道、發菩提心是一個特別好的環境，你對這個工作就有耐心。特別是學佛的人，這就是你行菩薩道最具體的、現實的一個環境。

要發菩提心，首先要具足出離心，這個世界沒有一樣事物是快樂的，因為它不快樂，你就不會貪戀。面對這個世界所有的事物，不會爭名也不會奪利，也不去貪戀，因為你的慈悲心生起的更大了，甚至對你的患者能愛護的更好一點，希望他能減少痛苦，你盡你的力量，幫助他減少痛苦，那麼你的大悲心就生起來了。

但是發大悲心要有智慧，必須觀照。因為我們都是凡夫，我們的耐心是有限度的，如果碰見有些患者，他們的煩惱特別重，他們有時候會罵醫生、罵護士，這種情況是常有的，這是一種。還有一種是每所醫院裡植物人非常多，他失去知覺了，你們如何愛護這些患者？這眞正得要具足大悲心了。你要隨時發願，願他們能夠恢復知覺，我們在發願，他們得不得的到是一回事，你的願心又是一回事，因此這是走你自己的菩提道，發了這個心，這個心就是明白的心。

我們剛才解釋了，「佛」就是「菩提」，就是覺悟，「菩提」也翻成「覺悟」，是另一個名詞。你要自己明白，也讓一切眾生都明白，但是從你發心走入菩提道，一直到達成就佛果，是很艱難的，路途非常的長，不只是我們這個地球上所說的十萬里、百萬里。我們大家知道念阿彌陀佛要往生到極樂世界，經過十萬億佛土，一個佛土有多大呢？三千大千世界！我們地球是小千世界當中的一個小洲，所以那條道路是很長的。而且你走這條道路的時候，也有很多種，有智慧的人，就有方便善巧，方便道就多了。比如說護士，你在照顧這位病人的時候，要想種種的方法減少他的痛苦，或者手術，或者麻醉，有很多的方法，這都是方便道，有了方便道你才能成就菩提果。
我的意思是在你走菩提道的時候，有好多條道路都通向菩提果，佛所教導我們的，你要經常思惟，現在我們生存的現實生活以及周圍環境的世界，都是苦的，這個世界本身就是苦的，而且在這裡頭忍受苦。
爲什麼我們要忍受呢？這叫業不由己！不想忍受也不行啊！在忍受苦的當中，我們還要找各種形式的快樂！一般人認爲是快樂的事，但是從佛學的道理上來講並不快樂，這就是一個苦的因，將來要受苦的果，如果你在這種不快樂之中能產生一種快樂，是什麼呢？是你求你的心安，心裡的快樂，這就是佛所說的方便道，你要怎麼樣離苦？怎麼樣得樂？我們在觀苦的時候，知道這個苦是無常的，但在受苦、生病的時候，或者受災難、不如意的時候，你要用智慧的力量克服它。你曉得這個是無常的，它不會常在你身上這樣壓迫，它會很快消失的。假使說你沒有智慧、沒有大悲心，就會無法忍受，反而把你的苦轉嫁給別人。
就像我們看到搶劫犯或者強暴犯，他爲什麼這樣做呢？因爲他想得到快樂，或許他缺錢，去搶別人的，那只是苦上加苦，解決不了問題的。如果人人都能夠學一下這種明白的方法，就不會自討苦吃，不會苦上加苦。

要怎麼樣才能減少痛苦呢？你要觀想。凡是我們所受的都是苦的，那麼不受，可以不可以呢？可以不受啊！但是要如何才能達到不受的境界呢？不去貪求！少一點慾望！你需要心裡觀想，知道自己現在所處的這個環境裡頭，我應當安心的付出自己所應付出去的，得到自己所應得到的，不要另外去攀求，不要佔別人的便宜。

遇到有人對我不好、侮辱我了，或者罵我、輕賤我，奪我的利益，損害我，我們應當忍他、讓他。佛教導我們要忍，這個忍並不表示我們卑賤，這個忍並不是表示我們沒有跟他奮鬥的能力，這種忍是一種智慧，在讓他的時候是在成就他，不讓他再去造業，這裡頭就要有這種智慧。學習這種智慧的時候，你要先認識一切事物都是無常的，並不是用你的貪瞋癡得到了就能保得住，保不住的。一切都是假的，人的壽命才多少年？最後不是什麼也沒有了。

所以在醫院裡看的最清楚了，你認識到了，就不會被迷惑，這樣能使你的出離心更堅強，大悲心更堅固、智慧心更增長；但是這裡頭還有很多的方便道路，所以你要想走這條道路，你如何能忍下去呢？這必須得學，看看我們四周的那些榜樣，看一看那些有智慧的人是怎麼做的，我們有一些道友並不一定是出家人，有的學佛很多年了，他怎麼做的，他怎麼付出的，我就向他學習，照樣做。

我們最大的榜樣就是佛，因爲他才是最究竟明白的人；爲什麼要學他說過的話呢？因爲他所說的話，他所做的事，是告訴我們明白的道路，我們照著他的道路走，不會錯的，這就是從發菩提心到證得菩提果的方便道。

我們剛才說的大悲心，也是方便道的一種，不是全部。我們經常說「慈悲喜捨」，「慈」就是想辦法讓別人快樂，想辦法讓別人離苦，想辦法讓別人歡喜，想什麼辦法呢？佛就想了很多的辦法，教你怎麼樣離苦，離開苦，你就得到樂，你對別人慈悲，照樣是對自己慈悲。首先，你不煩惱，我們大家知道，如果說你經常笑臉迎人，對誰都不煩惱，誰惹你了，你也不煩惱，總是歡喜心。如果你看到一位向你瞪眼睛的人，你的心情如何呢？你看到人家恭恭敬敬的，歡歡喜喜的對你，你的心情又如何呢？

「喜」就是歡喜，就是你對人內心永遠保持歡喜，這就很難了。任何的憂愁事，任何的煩惱事，你知道這都是假的，是現象，會損害你的慈悲心，損害你的智慧心，這就要觀照了。當你觀照的時候，自己就能看的破，看一切事物是無常的，能夠忍受，不去爭不去計較，能看破這個就不容易了。看破了、明白了，還得放下，不要去執著，這樣才能生起歡喜心。如果你看破了、放下了，你才能捨。佛教我們的方法，「慈悲喜捨」四無量心，你要儘量的發揮這個心情，受用會是無窮無盡的。

我們一聽到「捨」字，大家可能說：給別人幾個錢！捨一點衣物！這是最基本的捨。我說的「捨」不是這個，而是捨去你的知見，當你看問題的時候，不要以爲自己說的都是對的，聽聽別人的聲音，這也叫「捨」。捨掉自己財物的時候，你得量力而爲，有些人捨完了，就生煩惱了，這就是自不量力，不要過份了，因爲你還沒有達到那個程度。甚至於捨身，捨自己的家庭，捨自己的眷屬，就更不容易了。

就拿我們出家人來說，哪位師父未出家之前不是男眾女眾？單是這第一步的「捨」，就很不容易了。大家想想看，「捨」容不容易？當你落髮的時候，最初落髮的那一念，就很不容易了，但是這個「捨」就夠了！我們和尚跟在家人差不多，煩惱照樣在、照樣增，照樣貪名貪利，當這個「捨」沒有全捨，只是換個環境，換個跑道，不在原來的跑道上跑。雖然是走上方便道，還是走得不夠好。如果眞能捨掉一切，不貪著，是很不容易的，大家可以試著做，特別是跟人家爭執的時候，能夠放棄己見不生氣，是很難的，跟人家發脾氣，你不要看成是小事。

在我們學佛的人來講，「一念瞋心起，百萬障門開。」一百萬個的障門都開了，因爲這一念瞋恨心，一發脾氣，丟身家性命多的很，你要捨呀！爲什麼把「慈悲喜捨」的「捨」字放到最後呢？就是因爲「捨」不容易，特別是捨我們的身體，捨自己的看法，我們的主觀意見通常是很深的，以爲自己都是對的，我說這話是不是說看到別人不對也不爭，不是這個意思。你得看因緣，你得有方便善巧、方便智慧，能幫助人得適當幫助，讓別人能接受，不適當的幫助，更增加他的煩惱，還不如不幫。

我們有些佛教弟子自己信佛了，看到所有的人都想幫助他脫離，勸他信佛。不要熱心過頭了，如果他沒有那個因緣，你怎麼度他也度不了。因緣得遇合，他先得有那個因，這樣子你想要幫助他的緣才能成就，如果他根本沒有那個因，就算信佛了，你又要怎麼樣幫助他，使他更進一步呢？

一般人開始信佛的時候，他的目的是什麼呢？是希望佛能幫我解決困難，菩薩能救度我，我要是精進沒有退墮，佛菩薩就幫助我發財；生病了，因爲有佛菩薩的幫助，病苦就沒有了，那他是沒有明白佛法的意思。爲什麼求了，卻沒有得到福報？因爲你過去就沒有做過有福報的事，你今生想要有福報、想發財、想得富貴怎麼可能呢？不可能！你得先從這些方法學起，等你眞正明白了，不必外求，就在你自己的心，這點大家要特別注意！我們信佛之後，大家恐怕都是向外求，對不對？藉著外來幫助，最後還得明白你自己的心即是佛。

「是心是佛，是心作佛。」這句話必須經過幾道解釋，才能夠使你相信自己的心。現在我們的心是妄心，不是眞正的佛心。我們要先發菩提心，再行菩提道，直到證得究竟了，就是證得自己的心。所以要有信心，既然信你的心，就用你的心來對治你的煩惱，對治那些所謂的痛苦、危險、厄難。自己能夠救度自己，自己能夠解救自己，當我們還沒有達到這個程度，我們最初就是信佛，佛是已經修行成就的，他已經究竟明白他的心！我們要向他學，學一切的菩薩，怎麼樣能使這個心快一點明白，使我們不糊塗，爲此我們才學佛。

從這個意義上講，一開始我就跟大家說過，要跟你的日常生活結合起來，譬如說我們家庭主婦，在家裡得做飯、做菜給全家人吃，這是不是行菩薩道呢？是不是菩提心呢？如果妳認爲只是做飯、做菜圍著鍋爐轉的時候，那就不是菩提心，而是迷惑；如果妳認爲這是行菩薩道，妳要照顧周圍的這些眾生，妳讓他們吃了妳做的飯，都能夠明白、能夠發心，能夠沒有三災八難等痛苦，吃了妳做的飯能夠發了菩提心，漸漸行方便道，行菩薩道，漸漸能夠成佛；那麼，妳做飯就不只是做飯，那是供養眾生，乃至使眾生都能得度。

譬如醫生治眾生的病，治病只能去掉身上的痛，這是物質上的，隨便你怎麼治，他一定得死，不論任何人他一定得死，這一點是肯定的！你把這病治好了，只能減少他當時的一點痛苦而已，你不能讓他不死，死是既定的，你應當怎麼樣呢？你應當幫助他，發心讓他能夠恢復原來的自信，消滅他一些妄想的煩惱，消除一些障礙。除了治療他的身病，還治療他的心病，心病就得用明白的法去對治他的糊塗病。身病要用藥物，但是沒有藥物能把病完全治好的，只能多延續時間而已，不論你的勢力有多大、有多少的金錢，你想待在這個世界上不死亡，是不可能的。不過，另外有一種方法能夠使你明白，能夠永遠不死，不是肉體，而是你的心靈。

這個心靈就是我上面所講的眞正的般若心，當你有智慧，任何事都明白，都能夠知道前因後果的一切過程，我們今生所受的，有智慧的人就會觀察，現在我受的，就是過去我自己所做的。明白之後，你看一切事、一切物、一切人，你會感覺到一切平等平等，沒有不平等的，自己做的自己受，有什麼不平等的呢？我們心裡頭有不平，爲什麼壞人還能那麼享受？我們認爲這個人不錯，但是他的一生非常坎坷，因爲我們沒有智慧，不知道他過去多生以前做過什麼，只是看到眼前這個樣子。

當你有智慧、明白了，你就知道原來這都是他過去自己做的；那麼現在他所受的，是應該的，這樣就叫平等。佛教所說的平等是這樣的說法，在因果律方面講平等，自做自受的平等。

我現在說了很多的跑道，你自己去走！就好像不論你從哪一個方向都可以來到「榮民總醫院」，不一定要走同一個道路，這就是一種觀。但是我們並不是說這種觀適合某人做，某人修一日，他就能成就，某人修，他就不能成就，因爲他不是這個根機，他過去生沒有學習過，那就換一個跑道，學另一種方法。修行，有的人是念佛，有的人是持咒，有的人是誦經，有的人是打坐、習禪觀，有很多種方法。

要選擇適合你的，你認爲很相應的，就去做，但不論是哪一種，都不要離開現實，不要離開我們的生活與工作。不論你作什麼工作，在你的工作本位上，把你所學到的佛法、所教導你的方法，運用在工作上，你會得到很好的效果。

當你做任何事情，要專心一致的注意在這件事情上，不要這樣做做、那樣做做；手裡做著這一個，想著那一個，那樣子你的心不住，不住就是妄想心非常重。當你念經就住在念經上，學佛的時候就住在學佛上，當你護理病人的時候，你就去護理病人，這就叫念住。

不論做什麼，你的念頭就住在什麼上，這樣事情就會做的很好。但是你要知道這個住的念頭，是你從佛那裡學來的，這麼做你就會得到一定的效果，這就叫「專心一致」。學佛如是，參禪也如是。

你坐禪的時候先把身調好，身調完了再調你的呼吸，呼吸調好了再調你的心，這樣子你才能靜下來，才能漸漸的入。你念經的時候也如是，如果你讀誦大乘的時候，或者你念《金剛經》，一句一句的念，清楚明瞭的念，不要念著經想到別處，妄想紛飛，你就不能契入，也不會進入。

如果你看護病人的時候，一心一意的看護他，心裡住在看護上，你要是佛教徒，就用佛教的觀點給他迴向，加持他，把念經的功德也迴向給他，減少他的痛苦。有沒有人不專心呢？還是有的，哪一行哪一業都有，尤其是我上面所說的；就是出家人，要是都能專心了，也早就成道業了，我說的這個方式，就是把佛所教導的道理，運用在一切時、一切處，這就跟你的生活結合起來，在生活當中，你既不厭煩這個生活，也不貪戀這個生活。

我剛才講出離心，是厭煩的涵義，厭煩的涵義就是要你不貪戀六親眷屬以及世間這麼多的眾生，並不是說我要走了，我要出離了，他們干我什麼閒事，我管不著，這就不是菩薩心了，大家能體會到嗎？

還有我們要有愛心，但是這個「愛」可不是一般的「愛」，而是「大愛」。「愛」是慈悲心的一種，我們要如何發揮平等的精神，對一切人都如是。如果我們看到相貌長得很莊嚴的，就對他特別客氣，看起來非常醜陋，又髒又臭，他往你跟前走，你就嫌他氣味多，躲他遠一點，這就不是平等心，學佛的人不應該有這樣子的心。我講「平等心」、「愛心」、「慈悲心」，這都牽連到「出離心」，念念想出離，念念度眾生，念念的對這個世間不貪戀，念念的捨去這個世界。

大家都知道「家家觀世音菩薩」，在極樂世界不是很好嗎？觀世音菩薩怎麼會跑到娑婆世界來呀？他本來是男相，爲什麼會現女相呢？這表示他的大慈大悲心，示現女相度眾生更方便一些！觀世音菩薩的「出離心」是具足了、成就了，他知道眾生還沒有「出離心」，所以他就到這個世界來勸眾生，不要貪戀這個世界，要認識這個世界是苦的，在這個世界上找享受是沒有的，一切受都是苦，你要「觀受是苦」。

我剛才講的心是「眞心」，現在大家用的心是妄心，是妄想。「念念在變，念念不住。」我剛才講念住的意思，就是要把這個妄心止住，我們的妄心是念念不住的，所以心無常。

「觀心無常」是說我們的妄心，妄心不是住，不是常的，它的變化太大了。我們每一個人如果從早晨睜開眼睛，醒了之後一直到晚上睡覺的時間，你生起了好多的念頭！你都想些什麼！你自己也弄不清楚，不論是誰，除非是有定力的修道者，他才能定的住，不然的話，我們都會隨著這個環境轉！客觀的、外面的環境是什麼，你就變化成什麼，隨時在變，所以要「觀心無常」。

第四種是「觀法無我」，「法」是指一切有形有相的，包括我們的身體在內。我說這個法是「有法」，不是「無法」。「法」者就是環境，各式各樣客觀的事物，不要把「我」擺進去，沒有「我」，平常你在生活當中，我們也承認「一切法無我」的意思，但是就是不能悟入，不能領會，爲什麼說我們承認呢？我們說話當中，「我的眼睛，我的鼻子，我的耳朵」或者「我的，我的，我的」，全是「我的」啊！並不是「我」！「我的」並不等同於是「我」。

所以說這個身體是我，這是整體的我，但這是因緣和合的，你不得不承認，「我的眼睛」不是「我」，沒有眼睛成了瞎子，「我」還是存在的，聾子沒有了耳朵，他只是聽不見而已，那是「我的」耳朵聾了並不是「我」聾了，是不是這樣的涵義呢？整個的身體，「我的」心、「我的」眼睛，不論哪一部份都是「我的」，每個人說話都是這樣的，爲什麼呢？如果耳朵、眼睛不是「我」，這身體不是「我」，沒有了這些，「我」在那裡呢？因爲這就是「無我」，根本就沒有「我」，「我」是怎麼來的呢？是一切法因緣和合而緣起的，這個不是眞實的，當緣散滅了的時候，「我」沒有了，如是觀一切無我，「我」還貪什麼！「我」還執著什麼？

這樣能使你看破一點，幫助你看的破、放的下，你能看的破、放的下，在日常生活當中會活的愉快一點，不必很煩惱。我們如果起煩惱了，就坐下想想，爲什麼我這麼苦？爲什麼我要煩惱？都是自己找的，心裡不安定的人、煩惱很重的人，都不肯靜下來想一想，如果他靜下來想一想，就不會煩了。

還有，我們總愛想過去的事，過去都已經沒有了，還要回憶把它拉回來，特別是年紀大的人，總把三、四十歲，精強力壯的事拿來回想，

「當年我怎麼樣、怎麼樣！」、「過去我又如何等等！」過去的，早就過去了，已經死亡了，何必拉到現在來呢？不要再把它拉到現在來，你不能夠看破、不能夠放下，對這個世界、這個現實生活沒有認識，才會貪戀不捨。因爲你貪戀不捨的緣故，就看不破、放不下，你沒有生起出離心，沒有出離心，你的大悲心就不可靠。

因爲你的大悲心是從貪愛心出發的，如此怎麼能生出智慧來呢？因爲你的心念盡是貪愛，是長不出智慧來的，你得先消除這些貪愛，你才能漸漸的覺悟，才能「明」，怎麼能生起「明」呢？這要用你的觀照了，你先觀想你的心，當每個人做事的時候感覺很煩悶，有些事情現前的時候，腦筋要先靜一下，讓我想一想，想一想就是沉澱一下，讓心靜下來，才能生出智慧。如果說你想學一點智慧，要跟隨佛的教導，就要明白佛所說的那些法。

佛就是覺悟的覺，覺悟者教我們怎麼樣去覺悟的方法，你學習的時候，就要用在日常生活當中，不論你做哪一行哪一業，都有方法使你覺悟的，只是你認識不認識這一切法都是無常的，都是無我的。你這樣觀想思惟久了，自然漸漸就能「明」，並不是我們非得坐在那裡念經、參禪、打坐，非得念佛才能「明」。你做任何事情，如果能找到事物的眞實，你就能明瞭了；當你沒有找到事物的眞實，你就明白不了，不論你做哪一件事，都是虛妄的，不是眞實的，一定要找到事物的眞實，你去找吧。

因此，我們要從自己的心裡開始建設，用我們的心指導我們日常的生活，指導我們的行動，指導我們的工作。把心裡建設好了，再從內向外，這樣你在日常生活當中，就能與佛法結合起來。結合起來之後，就漸漸的能掌握一切的事物，我們經常說眞理，講道理，其實，我們講的不是理，理有很多種。以人的感情來說，朋友有友情，家庭中的父子、夫婦，都有親情，這些情感是感性的，不是理性的。

你出了社會，社會上有一定的規範，有一定的法律，各個國家不一樣，它有法理、有法律，合乎法律，這個道理就是合法，不合法的事就是犯法，犯法就接受制裁。這些法是合理的嗎？這個國家是這個法，那個國家是那個法，當權者今天可以變法，明天還可以改法，情理法，這些理都是虛妄的，哪一個道理是對的？

當我們要去某個地方，一定得要通過特定的道路，才能到達，但是現在我們由空中可以去，海裡也可以去，這條道不通，可以改走另外一條道！道路經常阻塞，你可以坐飛機呀！我們講的道理沒道可講，佛教中講的眞理，是什麼眞理？等你把妄心全歇了，那就是眞理。眞理沒理，理歸於眞，沒有理。雖然講理，從來都沒有講到理。

我們佛教有一部《華嚴經》，講一眞法界，說一切法都由你心生的！心生則種種法生，心滅則種種法滅。這是眞理，一眞法界的眞理，幾個人能通達這個眞理？成佛了，佛跟佛是相通的，我們眾生跟眾生是通不了的！通不了就有障礙，凡是能通的就沒有障礙，不能通的就有障礙。等你達到了那個心，那個心就神了，那就是神通。神了就通，神是什麼呢？神就是我們自然的眞心，不是我們現在的妄心，心是空的，那叫性空。

這個性空的究竟，就是我們一眞的心，也就是我們眾生的心。你要是能掌握這個緣起性空的道理，再運用到你的日常生活當中，能達到這麼樣的一個境界，一切就無障礙了，誰都不用求，就求你自己好了。到那個時候，才眞正明瞭了，那時再回來度一切眾生，才眞的能度他。現在我們大家都還在迷惑當中，我說了半天，連自己也還沒度，我也度不了你們。

不過跟大家講講這種道理是可以的，我現在跟大家說的也就是我自己幾十年的體會！但是我也沒有通！你要是想放下就得看破，要想放下看破，就要從你的日常生活當中著手，不論你做什麼工作，就從這個入手，沒有什麼奇特的方法。你做什麼工作，就全心全意的找，究竟要怎麼樣才能把這個工作做好，怎麼樣才算做的圓滿！先找到這個眞理，你的心也才眞正的明白！如果沒有找到這個眞理，你還是沒有明白，連一半也沒有明白，能夠明白十分之一就已經不得了了，眞理是要漸漸明白的。

因此在你的生活當中要這樣鍛鍊，你的煩惱就會逐漸減輕，待人處事不要嚴格要求別人，應該嚴格要求自己，培養自己的大悲心，增長自己的智慧，這樣子才能漸漸的入，入什麼呢？入佛所教導我們的法，但是我們最初掌握這個方法的時候，他有很多的跑道，八萬四千都算少，我們不是常說佛法有八萬四千種法門嗎？門門都可以通！跑道很多，看你自己適合哪一條道。

如果你初入佛門，感覺到念佛很好，你就念佛吧！念了兩年、三年、八年，你就生起懷疑心！有沒有佛啊？那是你自己心裡起的念頭，你就改變去念經，碰見了喇嘛師父，聽說持咒好，就又去受灌頂持咒了，因爲你心有所求，想有所得，所以你不論哪一門弄了幾年，沒有得、沒有求。

從前有位道友問我說：「我信佛的目的，就是想使生意能好一點，能發財，結果我信了佛，比以前更窮！」我說：「你沒有走對路，發財不是這樣求的！」他說：「怎麼樣求啊？」我說：「你要布施捨呀！」他說：「我是求發財的，怎麼會捨呢？」我說：「你不捨怎麼會發財！」大家想想看，你不給人家，人家會給你嗎？說我做生意，做生意不是人家給你的，所以任何一件事，你要找它的原理，譬如說做菜，那位夫人做菜做的很好，我說：「不好吃！」她說：「你爲什麼這麼說啊？」我說：「因爲妳先生是北方人，妳做的菜鹹一點，妳先生吃得好，別人吃的不見得覺得好，有人愛吃甜的，有人愛吃辣的，妳很難滿足各人的口味！」

要對了因緣，才能得到利益，一切法都如是，佛所教導的方法也如是，你自己選擇能相應的法門。你要是有福德，過去生修的多，你今生就會遇上大善知識，他有神通，可以知道你過去的因緣，知道你過去是念佛的，或是修念佛三昧的，或是修觀的，他就教你一個方法，你一修很快就能進入。如果你沒有那個福德，沒有那個智慧，你遇不見佛。

佛在世的時候，佛爲什麼說那麼多法？他爲什麼要說法？就跟大家是一樣的，大家爲什麼要來這裡聽？我爲什麼又要說？我有我的目的，你們有你們的目的，都是爲了自己的願望而來的。你們來聽這位和尚說的怎麼樣，那位和尚說的又如何，都聽一聽，看哪一位和尚跟我最合緣的，有緣了，我就取一點，沒有緣就算了，大家來聽的目的可能是這樣的。

佛當初講經也是這樣！他爲什麼要講經？他看這個世界太苦了！眾生在水深火熱之中，他想要利益他們、救他們，給他們說一些方法，可以離開這個苦。這個方法對這位眾生適用，對那位眾生就不一定適用，他就對那位眾生另外說一個方法，八萬四千個法門就是這麼來的。現在我們在台北甚至整個地球，眾生很多，哪個方法適合你呢？你先得具足正知正見，我上面所說的那四種原則，如果都能符合了，就是正知正見，認為這個世界是苦、空、無常、無我，這是正知正見。

如果有人說：「這個世界不苦，很快樂！你們去享受！去卡拉ＯＫ，去跳舞！」那個不是快樂！或是有什麼方式讓你長生不老，你別相信他，哪有這種方法呢？本來就是無常的，如果不符合這四種原則，你不要相信；符合這四種原則，不論誰說都可以信。佛之所以說這麼多的方法，那麼多的法門，是因為大家的愛好不同！

為什麼在世間上有這麼多的行業？因為各人有各人的愛好！每個人有每個人的習慣，在其他地區做餐館業的，換個地區他還是做餐館業。我們在美國看見那些做餐館業的，都是在台灣、在大陸或在香港做過餐館業的，因為習慣的力量，做過什麼，他還是會做什麼。貪瞋癡慢疑，這也是眾生的習慣，一生下來就帶來了，你看小孩才一、兩歲就知道「這是我的」、「那是我的」，他的貪心自然具足，這是多生帶來的，我們想除掉多生帶來的習慣，容易嗎？不容易！

所以我在前面跟大家講過，不論在哪個行業做什麼事，你要認識清楚，認識之後，你就要找到究竟，一追就究竟，這裡沒有，你就另外再去找，你再根據佛所說的，你看他說的究竟不究竟，你也多學學多聽聽，這樣你會得個入處。

因此大家在開始學佛的時候，要有系統的一步一步的去做，就是在你做的工作當中，或者在你的生活當中，你要研究研究。你想，就這麼一個生命，今天是這樣，明天是這樣，到什麼時候是結論？死了，就是結論？有沒有什麼解脫的方法？你做這個煩不煩？或是做人煩不煩？在人生病的時候苦不苦？你當然要找個解脫的方法！如果在你的生活當中，從頭到尾都找不到解脫的方法，你或者對照佛經，或者請問跟你有緣的師父，自己再對照一下，這樣你漸漸就能契入，也許你要學一年、兩年才能契入，但是不要一下子學很多。

現在道友們學佛的時候，一下子學的很多，什麼都學，結果十年、八年下來，學是學很多，可是收穫很少，這個時候你自己會產生問號，反而不知道佛究竟要教導我們什麼？如果你學佛一、二十年了，煩惱還是這麼重，這就說明了你沒有把學來的東西運用在生活當中。比方說我晚上睡覺，白天醒了，醒了又照樣工作，一天就這樣輪轉，有沒有起過問號？或者說生病了，爲什麼會生病？人吃五穀雜糧，四大不調自然會生病，但是要怎麼樣調？像我看見有人跑步，從事各種健身運動的、吃各種健康飲品的，這就是找方法調，但這些方法永遠調不成的，最後還是死了。

是不是有另一種方法可以調？使你的身心能安頓？少貪、少欲、知足，這些方法都是可以用的。佛教我們「觀身不淨」，觀我們這個身體是不清淨的，你一天洗多少遍澡，你洗完了，一出汗就又髒了，一定要觀它是不淨的，你能觀成功了，確實認識它是不淨的，你就不會另有貪求了，就不會爲它作無謂的忙碌。

「觀受是苦」，你儘量的減少享受好的，當你減少受的時候，你的身體可能還健康一些。你最初開始能這樣子想，觀就是想，你要先這樣去想，想完了去做，做完了你就印證一下。佛教導我們飲食要知足、要定量，你就練習一下！練練看是不是這樣？我們要是有病的時候，感覺不舒服就少吃，甚至不吃，試兩天確實很好，你還可以再做下去。當你有病的時候，用饑餓療法，使你的腸胃空一下，不讓它成爲負擔。

這是一種方法，我只是舉例，不是每個人都適用。你也可以從很多的教導方法來試，但是領受多了，就知道確實是苦的，不論哪一種受，你受多了都是苦的，我們認爲很快樂，快樂一過去，苦跟著就來了！樂是苦的因，苦是樂的果。那可不是種高粱長高粱，種豆子結豆子，你種的你認爲是樂的，以後產生的是苦果，你可以這樣觀想一下，想一想是不是這樣。

「觀心無常」，你的心是不是常的？你是不是能住在一個事物上，不生起其他的念頭，能住多長的時間？我們出家人的術語就是「入三昧得定」，你能得到嗎？你能六、七天就坐著，不吃不喝，什麼也不動，能做得到嗎？爲什麼他能做到，爲什麼我不能做到？因爲他心裡無牽、無罣、無礙！你心裡的貪愛多，你的罣礙就多，你心有所想，心有所思，心有所求，這不就是罣礙嗎？有罣礙就有恐怖！也許得到了，也許得不到！最初的時候你運用佛所教導的方法，就會通向覺悟的道路。當你第一天、第二天運用的時候會很生疏，三天、五天之後就不會陌生了，用上一年、兩年、八年、十年就好多了。譬如你生病的時候很痛苦，你就去參悟這個病苦，追索這個痛到底是哪裡痛，誰知道痛，你想一想吧！

病痛跟知道痛的人是兩個還是一個？大家好像沒有注意過這個問題，以後你注意一下，你能覺得痛的這個覺，它不會痛，想一想！每個問題就這麼追，我爲什麼說修行要在你日常生活當中？你弄明白你的日常生活，就有了道理。我們是糊裡糊塗的生活，我也如是，糊裡糊塗的活著，像我們打坐的時候，就感覺到痛，這個我是用過的，兩條腿子盤起，剛坐還好，一坐到二、三十分鐘，腿痛了，有的人剛一盤上就痛，你哪裡痛？你的腿好好的也沒割傷也沒幹啥，爲什麼痛啊？每個問題都牽涉到能知、所知。所知是境，能知是心，就是能覺的那個覺。等你觀久了，有功夫了，能知和所知合為一個，能知的那個心寂靜，所知的那個境也寂靜，到了「能所合一」的時候，痛也沒有，覺也沒有，你才能入定。因為你靜下來，定下來，能生出一種明，這就是有智慧，就是認識這個問題的明。

已知面更擴大了，以後你就會運用自如，我們最初開始做的時候並不能立即就得到的，所以要有耐心，耐心就是忍耐、克服。你在做這些事時會有障礙的，遇到障礙，就要克服堅持；時間久了，熟練了，那時候才能逐步的進入，你才能得道。《金剛經》說：「應無所住而生其心。」我們做不到這個境界，這部經是給須菩提、阿羅漢說的，他們已經斷見思惑了，佛要他們再斷無明。所以那一個法給那一類眾生說的，那一類眾生才得到利益！

像我們是對境生心，要對到外頭的環境，才生起了這些念頭。要是沒有什麼環境，連睡覺也會做夢，那是你心裡的法塵。夢中所現的境界，全都留下來影子，等你靜下來又顯現，你的意識心又去分別。所以我們從早上到晚上，從晚上到早上，從來沒有停息過，這就是妄心！這個不停觀察事物的心，把妄想分別跟事物塵境相結合在一起，在意識中留下影子，明覺才無法產生，要明覺生起來了，你才能無罣礙！無罣礙才無有恐怖！

我們每個人都會害怕，都有恐怖，怕什麼？各人怕的不同，說的簡單一點，就是顧慮特別多。「未來怎麼辦？」總有這麼個問號，「怎麼辦？怎麼辦？」總有這個問號，等你去掉這個問號，過去的已經過去，希望它消失不要存在，不要拉到現在，不要後悔，那個時候我該怎麼做，我要是那麼做，以後就不會受這種困難了，都過去了，現在你怎麼說也不行。未來還沒有來，不要現在就安排怎麼樣怎麼樣，不能都按照你安排的，不要計較過去未來，要把握住現在，怎麼樣把握住呢？不隨它轉，你自己做主，我現在做什麼，就做什麼，不要三心二意，我把心住在這個上頭，心住意靜，念住一處。

當你念住，換個跑道，說念經，就住在念經上，念佛就住在念佛上，你的念到哪裡都能住，這必須要鍛鍊，在日常生活中鍛鍊完了，等你念頭專一，用到哪住到哪，就很容易得定，心很容易沉靜下來。沉靜下來以後，你就漸漸會有智慧，就明白該怎麼做。等你明白該怎麼做了，你所做的都是對的，自然的就不會造業，不會受到壞環境的影響。不會造業的意思，就是你今生不會造不好的業，都是造好的，而成佛不是一天可成的，是要經過無量劫的，明白如何修道也不是一天的事，要經過很長很長很長的時間。

只要大家能慢慢的修習，就能夠漸漸的入門。一旦你已經入門了，你才能更深入，但是最初的時候，眼觀色，耳聞聲，舌知味，身接觸，你的每一個念頭都有很多很大的分別，等你把它鍛鍊到一定的程度之後，分別心沒有那麼大了，只要能夠定於一個事物上，做任何事都能夠專心，做什麼事都能夠有明覺。明覺就是知道我這個事該如何做，而且做出來都是對的，如果沒有這個明覺，你做出來都是錯誤的。或者有時候碰上了，那不是眞對。

不論你做什麼事情一定要找出原因，找出究竟，爲什麼要這麼做，凡是對於傷害別人的事，不要去做，這是個基本原則。傷害別人的不要去做，只對自己有利、對別人沒好處的，不要去做，對別人有好處、對自己的好處不大的事，多做一點，甚至對自己沒有好處的事，做了也可以，因爲這個能使你善心有所增長，幫助你快一點的明白。等你明白了，明白一點就能多做一點善事，這就是大悲心。明白的多，就做的更多，這是逐漸形成的。

最初學佛的時候不要貪多，也不要貪大，也不要貪一下就能成就，不可能的，不是說明心見性，頓悟成佛嗎？不是說念一個咒就立即成佛嗎？這就是貪求快！我們應該自己先認識一下自己，是不是這樣的根器，如果你不是這樣的根器，你要認識自己，就得一步一步來、漸漸來，不是一下就能成就的。

希望大家要在日常的生活當中，鍛鍊自己，使自己的心能夠變得純善，使自己的心能夠靜下來，這有什麼好處呢？能減少你的煩惱，你也不去希求非份之想。和人接觸的當中，有人要是冒犯你一點，你就忍受，不跟他計較，你煩惱能輕一點。如果別人說你兩句，你還他三句，越說越多甚至動手動腳，這類事發生的太多了。我上面所講的這些都是保護自己的最好方法，保護自己什麼呢？保護自己眞心的清明，使你明白的快一點，不糊塗，不糊塗就不做錯事，你自然就與佛心相合，「心佛與眾生，是三無差別。」你的心跟佛心、眾生心都沒有差別了，今天我就跟大家說這些吧！

【問答篇】

問：師父遠從大陸五台山回來，直到今天才能來給我們開示，今天在座的各位非常有福報。師父跟我們提醒，如何將佛法運用在日常生活當中，從四念處著手，怎麼樣的「觀身不淨」、「觀受是苦」、「觀心無常」、「觀法無我」，從這四點之中如何去做任何事情，我想在這些體驗中各位可以把自身的問題提出來，請師父開示。

另有一個問題想請教師父，我聽說師父在開刀的過程中，沒有打過止痛針，師父剛剛講到「能知」跟「所知」，說「我的身體」不是「我」，「我的眼睛」也不是「我」，問題就是如何將「能知」跟「所知」運用在生病的病人身上，如果跌倒了或是任何的外傷所帶來痛苦的時候，要怎麼樣的轉，觀這個痛不是「我」在痛，怎麼樣的轉，請師父給我們開示。

答：這個在佛的教導當中是有的，剛才我們說「觀受是苦」，像開刀就是受，病苦是很苦的，如果你念念是苦，它能不苦嗎？唉呀！我痛的不得了，打麻醉針，麻藥過去了還是痛，藥力是有時限的，你天天打，不把腦子打傻，打成植物人了，雖然不痛苦了，變成傻子也很麻煩。我也不是不痛，我一樣是人，開刀的時候割開也是痛，忍受一下就是了。

因爲我以前受過很多痛苦，受苦也得鍛鍊，在監獄受痛苦的時候，像是在空中倒吊的那種苦受過，我就想到那時候的苦跟開刀時候的苦差不多。開刀，我也是苦，哪有不苦的？都是苦，打麻藥針是這樣的，開刀手術當然是先打麻藥針，你不打麻藥針，醫生他敢給你開刀？哪有不打麻藥針開刀的！我是打過麻藥針才開刀的，後來麻藥過去了，還是痛苦的，但是沒有繼續再打麻藥，這個時候就要觀想。

我剛才講，不要把注意力都擺在這上頭，你想它痛不就更痛嗎？你不想痛，轉移一下注意力，就會比較好一點了。這得靠平常多忍受，這也得鍛鍊的，忍苦是鍛鍊出來的，你平常有一點痛苦就忍受不了，等到痛苦眞的來了，你當然忍受不了了，小痛苦無所謂，它會過去，就是這樣。

我剛才講「有覺覺痛，無痛痛覺。」就是這個涵義。你覺得痛，誰覺得痛？你多問幾個問號，在觀想的時候，你心裡注意力一集中，誰在痛？誰覺得痛？你找哪個覺，覺不痛啊！轉移目標，注意力一集中就好過一些。這是一種方法，要經常運用，臨時用來不及，它還是痛。還有一種是痛得昏過去了不痛，痛厲害了昏了，它不痛；你是聽誰說我開刀不痛？哪有這種事！這是謠言，我要糾正，我照樣痛，因爲是肉體，一樣會痛的。

問：請教一下師父，剛剛聽師父的開示，要大家去體驗那個苦，但是人往往在遇到無常之後才會想到修行，怎樣去忍，因爲我也是眾生，苦的時候是很苦，苦過去了就又忘了，又去享樂了，所以能不能請師父針對三苦開示的更明白一點，謝謝師父。

答：都是這樣的，我也是這樣的。現在的苦一過去，過了兩年，沒有事就忘了，時常想那個苦，能使心精進，修道心就切。這苦來受不了，我趕緊修行，解脫吧！解脫了就不苦，就這樣。知道苦，知道就別再造，不再造就停止做，心裡就向道，就精進修行。

知道苦，就要斷苦，怎麼斷？好好修行，就行了。苦的境界很多，你剛才說自己的苦忘了，別人還在受苦，特別是在醫院裡，你看每個病房裡都有苦，經常看會隨時給你警惕，警告你別懈怠！你看看這位病人才出院，那位病人又來；隨時有人死，隨時有人住進來，一天當中不知道進來多少出去多少，有立著出去的，有倒著出去的，隨時做個警覺，就好了。

緣起性空

諸位善友，昨天蘇護理長提到「緣起性空」，希望我能解釋其中的涵義，這個題目的涵義非常的廣，可以用許多經論來解釋，因此我就依這些年來所做的筆記，總結來說「緣起性空」，其中可能有說錯的，說錯的部份還請大家糾正。

佛法最基本的原理，或者佛法主要的綱要，就是「緣起性空」。「性空」本身就是佛的法身，也是我們每個人所具足的佛性，每個人都有，這是佛教中最究竟的道理。總結佛所說的法就是「緣起」。

在印度，要造塔、修寺廟或者塑佛像，都會安一句緣起的偈子，這句偈子的內容是什麼？是「諸法因緣生，我說是因緣，因緣盡故滅，我作如是說。」佛說，一切法都是因緣所生起的，即使是在我們日常生活當中你所遇見的人、事，這一切都是因緣生的。

這句偈頌說的就是法身，要是有眾生能夠了解，就會明白因緣的意思，也能明白一切佛法的涵義；如果不了解因緣的意思，那麼對於佛法就是還沒有入門。我們有時候把佛法總說爲因果，也就是善惡因果，不論善法也好，惡法也好，一切的因果都是緣起的。你懂得「緣起性空」的道理，就能明白業果。

有人會說自己業障很重，我經常引證的話是，業果要是不定的，就沒有因果了，隨時可以轉化的；假使業果決定了又不能轉的話，那麼眾生就不能成佛了。因此過去的大德有這麼一個比喻，也就是所謂的「二水相投」，一邊是熱水、一邊是冷水，如果熱水多、冷水少，把冷水倒到熱水裡頭去，冷就變成熱了；如果冷水多、熱水少，你把它們混合在一起，熱水就變成冷水了。這個比喻的涵義就是說，按照你的修行跟聞法開悟的程度，來轉化你的業。

我們根據這個涵義來看因果，因果就是緣起的，但是「緣起」這個名詞在各各經論上翻譯的很多，或者說「緣起」、「緣生」，或者叫「因緣」、「緣聚」都可以，名詞不同，但涵義都是一樣，一切法所依賴的東西是什麼？是緣起。我們日常生活當中所看見的一切現象，只要是眼睛能見得到的，耳朵能聞得到的，舌頭能嘗得到的，身體所能接觸到的，意念所能想得到的，全是緣起的。

在〈俱舍論〉上講，種種因緣的和合，能令諸法聚集生起，這就是緣起；而因緣和合的，能令一切的形、色，所看得到的、所能理解得到的，都集聚而生起，這就是緣起義。緣起的意思就是種種條件和合而成的種種現象，你所看到的一切現象，全是因緣和合的，就是緣起和合。

在《解深密經》中是說依他起，一切諸法都是因緣起的，叫依他起性，這就是緣起的基本原理。

在《阿含經》裡頭，這是最基本的教義了，多處經文說到「此有故彼有，此生故彼生；此無故彼無，此滅故彼滅。」這種涵義就是說，此若有彼也有，就是因緣生，此要是無彼也無。緣起的大意是這樣子，但是條件要是沒有了，緣要是沒有了，就滅了。緣能生，緣能滅，緣起能生，緣去又滅，這就是形容一切的事事物物沒有自己的體性，僅僅是緣生而已。

在《雜阿含經》第十二卷，佛說：「緣起不是我所做的，亦非愚人做。」緣起不是哪個人做成的，不是創造出來的，不論佛出世或者未出世，緣起永遠如是，這就是緣起義。「由緣有故有，由緣無故滅。」這個法則是不變的法則，這就是佛教最了義的定義，是不能轉變的，不論佛有說、沒說，前佛、後佛，一切都如是。

又有一部經叫《分別緣起殊勝法門經》，依這個緣起，是沒有造作意的，不是誰造作的，一共有十二義。有的是因生，有的是離有情，有的是依他起，有的是無動作，有的是性無常，有的是剎那滅，因果相續無間斷，種種因果、種種類別。在《分別緣起殊勝法門經》所解釋這個緣起義，是依照這十二種的道理來解釋的。「緣起」的意思大致是這個樣子。

華嚴宗四祖澄觀大師，也就是造〈華嚴疏鈔〉的清涼國師，他在〈疏鈔〉裡也說「緣起法」的涵義。他認爲緣起諸法，必具諸緣的條件，依著這個諸緣的條件，互遍相執，這一緣執著那一緣，那一緣執著這一緣，這個緣也存在，那個緣也存在，具存無礙。所有的異體，異體就是不同的體，「異體相入，異體相即，體用雙用，同體相用，同體相即，具入無礙。」這個涵義是華嚴的境界，我是引證華嚴的緣起義，把清涼國師注的這段文念給大家知道。

我們一般認爲《阿含經》是小乘，《華嚴經》是最究竟的大乘，可是不論大乘、小乘，緣起之義是相通的。我們現前的生活以及所接觸的事物，那就是「異體相入」，我們的體不同，互相入，我即是他，他即是我，都是緣起的，這也就是「緣起義」。

「同體」，說我們同是人，算是「同體」，我剛才說人和畜生就是「異體」，「同體」、「異體」，可以作多種的解釋，這都是因緣所生的法，因緣所生的法沒有自體可言的，沒有體性的，可以很簡單，也可以很繁瑣。《華嚴經》就是這個涵義，地球上的一個微塵，就可以包括地球上所有的微塵，這就是「同體」和「異體」的玄義，也就是「以簡示繁」，運用很簡單的事物來表達很複雜和繁瑣的義理。從任何一個原理、規律或者角度來看問題都是一樣的。

從緣起法看緣起的一切法則，大略的依四種涵義來解說。澄觀大師的四種涵義是很深的，我用我的意思概括一下把它簡略了，使大家也能懂。

第一是因緣和合的生諸法義，因緣和合了，才有一切的世出世間法。世出世間法在此地來講，出世間法也是生滅的，除了性體之外全屬於生滅的；生滅的就屬於有，不生滅的法性就屬於無。但是這種涵義非常的深刻，就是因緣和合而生一切之法，但是生起一切諸法的又是什麼道理？因緣和合了，這只是現象，這些現象是怎麼發生的？什麼原因？依什麼條件生起的？就是這個涵義。像我們人類就要具足很多條件才會有的，不只是因爲父母生了我，在緣起的意思不是這樣講，因爲你是地、水、火、風四大所組合的。

在《楞嚴經》上，則是由地、水、火、風、空、根(見)、識七大緣成，才會有一個人！父母是緣，不是能生的，父母只能夠助成，不是生起，這一切現象的發生，都有一定的因緣和條件。「因」，就是生起的根本，就是內在的條件。「緣」，是輔助的、外邊的條件。內外和合了，內裡的作用跟外邊的作用結合在一起，就成功了，就生起了。內裡的條件消失或是外邊的條件消失，就沒有了。哪一個力量強就爲因，哪一個力量弱就爲緣，當內外因緣集合起來所需要的條件具備的時候，一切諸法就生起；若因緣不具備，這一法就生不起來。

所以「因」跟「緣」要是變滅了，這個事物也就隨之消失了，這是一切萬事萬物所共同具有的最根本的性質。一切萬事萬物都如是，這就是一切的現象、一切的物質普遍遵循的決定的規律，不是假造作的，是本源的規律。

這個法是有爲法。有爲法的意思，就是造作義，假造作而成的，它有所依待，依什麼？待什麼緣才能成立？它所成立生出來的事物，都是處於生住異滅當中。

佛教的法相宗，就用五位百法來說明，學過佛教教義的道友就知道了，心法有八，心所有五十一，色法十一，二十四個不相應，六個無爲，合起來是百法。這一百法是簡略說的，一百法就是說你的心理和現象，心法是心理，其他的都是現象，像我們的貪瞋癡煩惱、惱怒、瞋忿！這些都是心所有。「貪瞋癡慢疑」，「身邊戒見邪」，這些都是名詞，這些都是現象，不是本質，因此這是屬於物質，心法跟心所有法，心所有法，就是我們的意念，就是我們的思想，也就是我們的精神。

剛才我說的當中含有不相應法，不相應法不屬於這些法，心跟色法不相應，是屬於不相應法。實際上人類認識的方式，所認識的一切現象，從我們自己本身來說，就是我們的身心，外頭就屬於世界。我們內在的身心、外在的世界，這一切現象都是緣生的，緣既能生，緣亦能滅，就是因緣生起，因緣消失。

舉個例子，一切物質都是依著原料與人工做成的，比如說大家看到的汽車，或者自行車，它是集合人工，把好多的配件組成的，如果少一個配件，那輛汽車或者自行車可能就不轉動了。因此隨你捻一物，隨你取哪一法，小到微塵，大到天地、大地，它都是依一定的條件而生存的，就是說以因緣和合而生，生起一切現象，生起諸法。

就拿我們這個人身來說，我剛才說過，父母是條件，我們的本身當體就是各種條件。「地大」就是我們的骨頭，我們這些骨頭就屬於「地大」。沒有冷暖，沒有暖氣，沒有「火大」，如果沒有「火大」，人也不能生存了。沒有「風」，沒法運轉了，我們相信腹部裡頭都是空的，要不是空的，腸子跟胃就黏在一起了，中間要有空間，要有氣體。所以說「地、水、火、風」四大假合，再加上父母是個緣，都是依著這些條件和合而成的。所以諸法是當體，我們隨便取哪一法，當體都是好多東西和合而成的，不是單一的，是諸法和合而成的，除了因緣之外沒有一法。

在《楞伽經》上這樣說的：「因緣生世間，佛不如是說，因緣即世間，如乾闥婆城。」大家要注意，「因緣生世間，佛不如是說。」我們講的是因緣生世間法，可是《楞伽經》上怎麼會這樣說呢？因緣不是生世間，因緣是即世間，「因緣生世間，佛不如是說。」佛是怎麼說的呢？「因緣即世間」，因緣就是世間，世間就是因緣，大家要觀想一下，你的身體不是因緣生而是即因緣，身體就是因緣，諸法所生起的，各各的不同，但是各自有各自的條件。

總的來說，一般有爲法的生起，必須得具備「因緣、緣緣、次第緣、增上緣」這四種緣。在〈中論〉裡頭有句偈頌：「因緣次第緣，緣緣增上緣，四緣生諸法，更無第五緣。」「因緣」就是因，因緣能辦成它自己的果，有了「因緣」必然產生相應的果報，所以當我們講果報的時候，這就是果報的根本原因，根本原因是什麼？唯識宗講阿賴耶識，阿賴耶識含藏了一切種子，又叫種子識，這就是「因緣」。

「次第緣」就是「等無間緣」，從時間上來看，因果相續，因成了果，果馬上又成了因，因又成了果，也就是因果相續不斷。「等無間」就是中間沒有一點空隙，不間隔的意思，就是「等無間」，就是形容這個緣一點都不間斷。好比人的肉體滅了，滅了好像間斷了、沒有了，它處馬上就又生了。當時的氣一嚥，他又在另一個世界出現了，這就說明了無間，無間就是「等無間緣」。

「緣緣」，還可以說「所緣緣」。「緣緣」就是從內緣緣到外緣，就是外在的「緣緣」，「所緣緣」就是外在的條件。緣慮，從相上說就是我們心識所思慮的，所緣別的，所分別的，外邊的境像就叫「所緣緣」。這個緣有兩種，一種親緣、一種疏緣。

「親所緣緣」爲外面的訊息，在你心識之中形成了一種主觀的影像，在你心裡頭成了一個影子，落到你的心識成了一個影像，這是「親所緣緣」。

「疏所緣緣」是指在你的第六意識，就是我們現在這個妄想，在六識之外有一個實體所執的外境，有時候我們一生中見不到這個境界，這就是我們經常說的「法塵」。以前收攝的影子、收攝的事物，落到你的識裡頭，就成了「所緣緣」的一個對象，所緣的一個條件。

第四種「增上緣」，是幫助一切諸法生起的各種條件。生起一法不是一件很簡單的事情，要有很多的條件來助成，增上生起，給它做緣，這叫「增上緣」。我們平常講，因緣生的！這很籠統，要是分析起來，就有這四種緣，也就是增上的作用。「增上緣」像中藥的藥引子，我們吃中藥的話，每一味藥都抓好了，或者擱三片薑或者擱幾顆紅棗，「增上緣」就是幫助你的藥力快一點達到，幫助你的緣很快的成就，這就是「增上緣」。

這是一切有爲法生起時絕對必要的，離了條件是不可能的，這都是說物質的有法。心法是生起，緣法是助成，昨天我們講到諸心，你現前一念心的活動，又是因又是緣，就具足生起了。大家要念住，不讓它生起。說你作什麼就住在什麼上面，這叫念住。念住是要把定的功力，訓練到在任何地方都能住，作飯時住在作飯上，工作住在工作上，等你入定的時候就住在入定上，修智慧的時候就住在智慧上，智慧就增長了。

因此這一念心的活動就能生起，這是依心的活動而生的，一生出來就是現象的生起，這裡頭沒有「次第緣」。一切諸法都是因緣聚集而起的，說「昔日諸緣之中，缺一緣不能生起」，如果沒有這個「次第緣」怎麼會生起？所以在《雜阿含經》第十二卷裡，佛對於因緣和合的關係是如此說的，譬如三枝蘆葦，要互相的交叉才能立的起來，缺了一枝的支撐那就不能成立了。因緣法就是說，缺一個緣，就算是有其他的緣，也不能成立。

佛在經上也說，佛說法，說了那麼多經，什麼意思？就是對緣說法，如果他沒有聞這個法的因緣，你就不能給他說。可是我們現在解釋經論就沒有按照次序了，也相應不到有緣、沒緣。像現在說「緣起性空」，誰來聽都可以，我們不能滿足大家的要求。佛不是這樣的，佛看大眾，佛說法是圓音，你要取《阿含經》的意思，你聞到的就是佛跟你說《阿含經》，你是《華嚴經》的菩薩，你就聽到佛跟你說《華嚴經》，「佛以一音演說法，眾生隨類各得解。」我們現在不是如此，你本來是大乘根機來聽小乘法，你也如是學；你本來是小乘根機，也來聽大乘法，你也如是學。

我們是大學、小學都在一塊兒學，所得的利益就不同了，也不對機了。這就是所謂的因緣不成熟，聞大乘法的因緣不成熟，聞小乘法的因緣也不成熟，所以他就不能獲得利益了。

剛才講的是「次第緣」，就是說明了沒有「次第緣」不能生起，四緣缺一緣並不能生起，沒有「增上緣」，那件事情也不能成功，這一大段都說明因緣和合而生諸法。

第二種就是「諸法無常」，無常的意義就是生滅法。變化無常，不是常義，這個緣不是常有的。因果相續，沒有間斷的。諸法無常，但是因果是相續的，這個相續是不是常呢？也不是常。因緣和合了聚在一起，就產生了一切有爲法，這是暫時性的存在，因爲一切法都處於「生住異滅」當中。就拿人來說，我們生的時候是生了，住就是成長到死亡，這個階段都叫住，但是在這個住的當中會發生變化，從十歲到二十歲，二十歲到三十歲都不同，住的時候就產生異，異就是不同，不同的變化，一年跟一年不同，就叫異。異之後，就是滅，滅就沒有了，死亡了。四相上永遠是遷流的，都是處於「生住異滅」當中。它不能夠常住不變，太陽有出還有落，月有缺又有圓，我們經常說斗轉星移、四季凋謝，草木青了又黃，黃了又青，百花開了又落，落了又開，四季代謝都如是，人也如是。

因此，當我們看到滄海變桑田，歷史的演變，宇宙萬物從來就是紛紜變化不定的，你如果再觀察一下，對每一個變化的過程，哪怕是極短暫的，裡頭也含著「生住異滅」四相，念念生滅。念念生滅而念念不間斷，念念都有「生住異滅」，你左一個念消失了，右一個念又生起了，這就叫做念念不斷的。

大家讀過《仁王護國般若波羅蜜多經》，經中說：「是法即生、即住、即滅。即有、即空。」「是法」就指這一切法，生的時候就是在住的時候，住的時候就是在變異的時候，變異的時候就是住滅的時候，四相永遠如是遷流。那就是說明，有的時候就是空，我們佛門經常說空是「緣起性空」，不是我們所說的空，我們所說的那個空是斷滅的。《仁王護國般若波羅蜜多經》說：是法是即生、即住、即異、即滅，每一法都如是，生的時候是住的時候，也是滅的時候，一切法就是即有、即空。

大家都讀過《心經》吧！「色不異空，空不異色，色即是空，空即是色。」「即」字是對著前面說的那個境界還沒有達到究竟，所以跟著又說了：剎那剎那都如是！說生住異滅法都是這樣。爲什麼這樣說呢？九十剎那爲一念，我們心裡一動念，就有九十剎那，唯有佛才能了解。像我們就不能看到，我們認爲這一念就一念了，但是這一念中還有九十剎那生滅，生了滅了，滅了生了，就在這一念間有九十剎那，乃至色的一切法也如是，一切的色相都在變化當中，不停的變化。

所以在禪宗的《楞伽經》上說：「有爲法速滅速如電。」那個滅的，就像電那麼快。《無量義經》說：「一切法念念不住，心心生滅。」你念念的沒有一念是住的，念念不住，所以是生滅無常。〈俱舍論〉上說：「謂有爲法，滅不待因。」有爲法在滅的時候，並不等待因才滅，緣滅了，法就滅了。

千經萬論都說無常。這麼多部經論，不論是哪一部經都說無常。這是有爲法所共同具足的一個本性，有爲法的本性是什麼？無常！因此我們修無常觀的時候，就知道一切有爲法都是無常的，你想要讓你這個身體萬萬歲，恐怕是永遠達不到。因爲它念念都是生滅的，這有另一種理解，這個生滅不是斷滅的，緣起的生、緣起的滅，不是斷滅的生、不是斷滅的滅，我們不要理解成斷滅了，斷滅就是斷滅空了。

爲什麼呢？因爲它是相續的，始終如是，它不變滅故。我們人的壽命才活到百年，我們斷滅了就沒有了，但百年之後，它又相續了，這是什麼相續？因果相續的關係。前面的因滅了，後面的果生了，因恆生果，因常時生果，果沒有間斷，前念之因就爲後念之果，這就是「等無間緣」，中間是不間斷的。由這個因果相續的緣故，很多事物往往在一個時間內，甚至久遠時間，相似相續。我們看見樹、看見山、看見水，也是念念生滅，它是相續的生滅！

我們看見一座山，好像是一百年還是如是，並不是這樣的，只是我們肉眼看的，這種「見」是有問題的。所以這種好像是穩定的狀況，其實還是念念生滅的，像我們看金剛石、黃金，經過億萬年還沒有朽壞，可是，它還是念念遷流的生滅，永遠不斷的。

〈瑜伽師地論〉第十卷，總結「緣起」的意義是這樣說的：「依托諸緣，數謝滅已！還和合生，故名緣起。」意思就是說，依托眾緣生起的諸法，很快就消滅了，但是續緣又和合而生了，速滅速謝，速緣速生，故名「緣起」。

第三種，凡是有相對的法，互相不想捨離。相對的法就多了，我們可以舉一些例子，相對的法有：大對小，大小是相對的，這個道理大家都能懂的；長的和短的，陰和陽、男與女、眞與妄、生死與涅槃，這些都屬於相對法，這些一切諸法都依待諸緣而生起的，這叫依他起，這是指什麼呢？是指諸緣。「相對的法，無不以對方爲自己。」這句話大家想一想！如果沒有大，怎麼會有小呢？沒有小，大立不起來。沒有大，小也立不起來！沒有他，也沒有我！這叫相對法。相對法是互相而成的，缺一方是不能成立的，就不叫相對了，但是必須依一定的條件。大和小是在一個體內，長和短是在一個體內，同一體故。

這是解釋性體的，同一體，不論這麼多的相對法，性空、緣起要講性，就是性空的條件，所以在〈瑜伽師地論〉第五十四卷是這樣說：諸有的相對法，同處一處，不相捨離。大小同住在一處，不相捨離。長和短同住在一處，沒有短就沒有長，相交而緣起的，同是一個體性，不相捨離。

〈瑜伽師地論〉還說：「有對法聚，無對法性。」有相對法相聚的形相統一，沒有相對法的性體，因爲隨順轉故，大隨小轉，小隨大轉，因大而說小，因小而說大，因長而說短，因短而說長，沒有一法是定的。像這個杯子，我們說它是大，對某些人來說它就是小。這間房子對我們來說，是小了一點，但與其他的事物比起來？它是在同一體故。這樣使我們理解到，凡是相對法就互相不能離開，離開另一方，這一方也不存在了，就是這麼個涵義。因爲它是隨順速謝，長短的位置可以變化，因爲它隨順而生的，當此法對彼法的時候，它屬於大。

而此法對另一法的時候，又變成小了，它是隨順轉的，不是固定的，但是互不妨礙。有了相對法，就有矛盾。矛盾性是什麼樣的呢？矛盾性就是相對的統一，並不是絕對排斥的，大絕不排斥小，沒有小，成不了大，因此就知道它們互相並不排斥的，這樣的雙方合起來的是什麼？是緣起法，我們講「緣起」，合起來才是緣起法。

第四種，諸緣互遍的相知義。一切緣互相遍，此緣遍彼緣，彼緣遍此緣，此緣支助彼緣，彼緣又支助此緣，所以說宇宙萬物是互相緣起的。任何一緣皆能徧應多緣，一緣能遍了很多緣，很多緣又即是一緣。因此，這樣的解釋就是多種的事物能夠做爲一個事物生起的條件，一種事物又能促成多種事物生起的一個條件，所以這個緣是互相支助的。

《華嚴經》上講：「知以一故眾；知以眾故一。」就是這個涵義，一微塵成就了大地，大地成就一微塵。所以在《楞嚴經》上經常有這種涵義，說「於一毛端現寶王剎，坐微塵裡轉大法輪。」一攝大，少攝多，在《華嚴經》上，這叫做「周徧含容」。

這個意思我們可以簡單的說，以我們每一位道友來說，你本身是家庭成員之一，對你的父母來說，你是兒子、女兒；對你的子女來說，你又是父親、母親了；對你的夫人來說，你是先生，對妳的先生來說，妳是夫人；這就是說一緣成多的涵義。總之，是團體成員的一份子。我們的存在成就我們這個家族，家族的存在成就我這個人。人的體是依賴於空氣、依賴於水、依賴於食物，如果沒有這些，你不能生存。沒有這個社會，你沒有辦法生存。地球與太陽，沒有太陽的引力，地球也沒有了。

廣而言之，就是普遍你隨便舉哪一件事物，任何一緣都是宇宙的大緣起網，甚至整個的宇宙，就是一個大緣起網，你是在這個緣起網當中的，你既成就它緣，它緣又輔助你，此緣是不可或缺的。

〈華嚴一乘教義分齊章〉中說：大緣起生起陀羅尼法，要是沒有一，一切不成；沒有一切，一緣不成，去一緣即不成一切，去一切即不成一緣。這意思解釋起來很多，它是屬於《華嚴經》〈十玄門〉當中的，一中具多，一裡頭具足很多。

由此而言，宇宙萬法互相的緣起，組成了一即一切、一切即一的互相依賴關係網，而諸緣有立無立，有體無體，同一、隱顯、主客，是因爲這些種種關係，相即相依、相攝相入，呈現出來的重重無盡，紛紜無盡的境界相，這就是佛學的緣起法則。

但是從哲學的觀點來看，佛學的緣起法則，跟現在社會上所講的「辯證法」相似，但是佛教「色即是空，空即是色」的原理，「緣起性空」、「性空緣起」的原理，是最根本的「辯證法」。因此在它的涵義上、層次上，與「辯證法」有所不同。但是由「辯證法」可以理解到這種緣起的法則，非常相近，可以相通的。就是隨便哪一法都不能離開這個緣起法則，所以緣起法則是一切佛教諸宗，觀察一切問題的根本思想方法，就是一切經論最根本的方法。有關「緣起性空」的記載還很多，我簡單的跟大家講說一部份，今天就講到這裡了，如果有因緣，再跟大家講講。

「緣起性空」的道理很深奧，但是也很淺顯。很深的意思就是一直到成就佛果，也是成就這個性空，大家讀《般若經》就知道；說它很淺顯，你日常生活中一舉一動都是「緣起」的。一天當中的生活、說話、吃飯、接觸人、工作，這一切都是「緣起」，但是都沒有實體，都是假的，隨時在變化，隨時在「生住異滅」。眞的是什麼？眞的是「性空」；「性空」是什麼呢？「性空」就是「緣起」，這叫眞空，不是斷滅空。「緣起」是什麼？就是達到「性空」，因爲「性空」無礙，諸法才能「緣起」，因爲「緣起」故才能成就「性空」。

當然這不是我說兩句話大家就能夠明白了，這個得要深入的觀想。佛教的一切內容就是「緣起性空」的法則、規律，「緣起性空」不是情理，也不是道理，更不是法理，那麼是什麼理呢？是性理，也就是一眞法界的性體。

最後祝大家吉祥如意！

老和尚的叮嚀

一九九八年春夏・台北

學佛的希望與目的

諸位善友，大家吉祥。我記得大約四年前在這所醫院，跟一些道友談過一次，現在又有因緣再度跟大家共同修習佛法。

我們知道學習佛法的目的，就是讓我們的心靈能夠更明白一點，而我們所學的佛法指的就是明白的法。佛是覺悟的人，他所說的法就是覺悟的法，覺悟就是明白。大家學習明白的方法做什麼用呢？學習佛法的用處就是讓我們的心能夠善良、能夠覺悟。覺悟的意思就是我們心裡能明白，明白哪個是我們該做的，哪個是我們不應該做的。我們自己沒有智慧，分不清楚該做的或是不該做的，但是我們學了明白的方法，就能夠知道。因此我們學習佛法的時候，不要只是單純的學習佛法，而是要把你學到的方法運用到日常生活、工作，甚至所作的一切事物之中，用這種方法來指導你的思想。

要知道佛在世的時候，他爲什麼要說法？爲什麼要講經？而我們又爲什麼要聽經？我們學佛法，是有希望，也有目的。佛說每一部經、每一種法的時候也是有目的的，也是懷有希望的。把我們的希望跟佛的希望結合在一起了，佛的心就是我們的心，我們的心就是佛的心；因爲眾生本來就具足了佛性，跟佛是無二無別的，不過有些人不知道這個道理。我們經常講：「信心！信心！信心！」好像是說我們信佛要有信心，信「佛是佛，法是法」，好像跟自己是分開的。其實「信心」就是信我們自己跟佛是無二無別的，只是，一個是迷的，一個是悟的。我們現在迷了，就要用一用佛的方法，用了之後就明白了。就像我們肚子餓了要吃飯，吃完飯就飽了，不餓了。學佛法就是因爲我們迷惑了、不明白了，我們不知道過去做了些什麼，也不知道現在應當做些什麼，我們沒有這種智慧，所以現在才要學。假使我們已經知道了這種道理，佛爲什麼要說法？爲什麼要講經？我們爲什麼要學？我們自己的目的應該要明確。

我們學到了佛所教導的方法，就要去運用，只聽到是不行的，聽到了只是聞慧。你自己要思索一下，想想佛的這個方法對我有多大的用處，我要怎麼去運用？這個時候，你就要思惟考慮，這就是屬於思慧。思惟之後，你自己去實驗一下，去做吧！這就叫做修慧。有了聞思修三慧，你自己就能夠明白了，明白了，就知道佛說的法是什麼意思。

我們學習佛法的目的就是求智慧，一般來說我們都要求解脫，脫離我們現在苦難的生活。在這個地球上，我們現在每個人的肉體，都避免不了要生病，生病的時候請醫生來看，或者住院，不過，這樣只能幫助你現行的肉體。從另一方面看，這個肉體本身就是業報來的，屬於業報身，你就應當承受。我們不想承受，想要轉變，醫生的治療幫助是一種形式，但是有些病是治不了的！

我上次來的時候，曾經到過植物人的病房，這些病人因爲各種症狀引起全身的癱瘓，變成植物人，跟植物差不多。目前在醫學界上，還沒有辦法治好這一種病，讓他們像正常人一樣的生活。你可能因爲出了車禍四肢截掉了，還能成長嗎？不可能的。但是我們往往在病苦的時候，思想也發生變化，悲觀、失望等種種的想法因應而生，但只有佛的教導能夠解除你這種思想上的狀況。因此我們要以這麼樣的一個目的，從學習佛法當中使我們脫離苦難。我們在病苦當中，最起碼要配合醫生的治療，病人得和醫生合作！至於你自己的心理建設，就要靠你所學到的佛法來加強了。

你知道這種道理以後，在學習佛法的時候就會知道，佛說法不是普遍說的。可是，佛說法不是三機普被嗎？不錯！是三機普被，但是佛說法的時候，在那一個會上對那一批人說的，在另一會又對著另一批人說另一法，這叫對機說法。我們往往沒有理解到佛經的這一層意思，佛對著大學生說的法，如果你是小學生，你來聽當然聽不進去，也不能理解；佛對著小學生說的法，如果你是大學生，你去聽也不對機了，對你不適合。

我舉現實的例子，如果佛說：這個地球上的人離不開生老病死，在《阿含經》裡頭是這樣說；在《般若經》上又說一切法都沒有，都是空的，如夢幻泡影，如露亦如電，應當用這種的思惟來觀想，這兩種法不是矛盾嗎？不矛盾的，對什麼樣的機說什麼樣的法。有的道友看佛經的時候往往沒有體會到這層的意思，就拿著這部經來攻擊那一部經，拿那部經攻擊另外一部經，好像佛說的盡是矛盾的；佛說法的時候並沒有矛盾，他是因機施教。大家懂得這種道理，就知道佛說法的目的。

而我們求的目的也各各不同，有的要求證道果，有的要求發菩提心。一般世間的苦樂、生老病死苦，有些大根機的菩薩是不在乎的，他雖聞到生老病死苦，但沒有想到他自己，他想到一切眾生的生老病死苦，他要發大願度眾生。同樣的法，世人聽到、做到、思惟的時候，各各的用功就不同了。我們一般人學佛法，目的是什麼？都圖現前的利益，怎麼樣能滿足自己在日常生活當中的欲望。現在經常聽到的就是如何發財，買股票能漲，買獎券能中獎，當自己有了痛苦厄難，希望念念經、拜拜佛把苦難消除了，如果他所要求的沒有達到，就說佛法不靈，這是根本沒有理解佛法的人。

法是一種方法，佛是一位明白的人，你要是學到了這種明白的方法，就知道這個苦難是我自己造的，我過去大概可能做了很多的錯事。不但過去，假使我是四、五十歲的人，我以前在二、三十歲的時候，做過很多對不起人的事，別說對外人，就是對自己六親眷屬，對自己的父母，兄弟姐妹都對不起，這樣想的話，我們學的法比較能用的上。因爲佛教導我們的，並沒有脫離你的日常生活，就是在你日常生活當中碰到的一些人以及遇到的一些事，你要是有智慧的人，處理的方法就會不同；沒有智慧的人，處理的方法又不同。我們處理的方法往往是以自我爲中心的，不管其他的人。爲什麼現在離婚的人這麼多？強暴的案件這麼多？甚至亂倫的案件也很多！爲什麼？過去的宿業。

過去有人問過我這個問題，他說：「師父現在這些亂倫的事怎麼這麼多呀？」我說：「我跟你說，你信不信？」他說：「信。」我說：「畜生有沒有倫理啊？」他想了想說：「沒有。」我說：「這些人是由畜生剛變成人的，他還不會講倫理的，你信不信啊？」他想了想說：「可能會，但這個畢竟是少數吧！」大家想想看，不是人人都這樣的，這畢竟是少數，所以古人說衣冠禽獸，在人類中是有的，這是平等的。他是從畜生道來的，畜生就如是，這樣想的話，你心裡就沒有什麼不平的，你只能夠嘆息一下；他雖然在畜生道中做了一點好事積了一點功德，之後變成了人，但是到了人道，他就不做人事了，還是跟畜生一樣，你不要不平。

還有些人往往認爲這個社會太不平等了，有的人太富有，有的人太貧苦了，有的人一生下來就害病，到老臨死的時候還是病死的，過去殺生、殺害別人、傷害別人太多了，他是在今生受報的。爲什麼有些人一生沒什麼大病，非常健康？因爲他沒有害過別人，沒有殺過生！如果從善惡因果的報應上來看，他自作自受，有什麼不平等？

我認爲整個世界是平等的。爲什麼現在水災特別大？因爲現代人的情慾特別重，情屬於水；而火災也特別重，動不動就發脾氣、放火燒人家的房子，動不動就打人、拿槍射人、拿刀砍人。如果明白佛所教導的善惡因果，你眞能夠從佛那裡學來了這個道理，學會之後，先平心靜氣的想一想。因此你在對待一些人、一些事的時候，應當要無我，應當給人家方便，而不是給自己方便；應當是供養一切眾生，而不是希望一切眾生都供養我，能有這個心就是菩薩心，就是菩提心。

我們經常講菩薩，講菩提心，菩薩是發大心的，大心就是發菩提心，我們講簡單一點，菩提心就是發明白心。菩提就是覺，覺悟就是明白，證得菩提就是證得究竟的明白。有關發菩提心，我們得分析一下。籠統的說來，菩提心有三種，一種是面對這個世間上災害頻繁，沒有一件是快樂的事，看這一切眾生都在水深火熱、痛苦之中，發願要救濟他們。另外要有出離心，出離就是這個世界沒有可留戀的。這個出離並不是我念一句佛號，往生極樂世界那樣子的出離，出離是願一切眾生都出離，並不是自己一走了之，菩薩不是這樣想的。

大悲心，你一旦有了出離心，就能發大悲心，希望眾生都能夠學佛，都能學佛所說的方法，依著這個方法，聞了去思惟，思惟如何去修，然後去做，做了之後就能解脫了。希望一切人都能離苦，你必須得先具足智慧，智慧是怎麼來得的呢？要學習！

所以學佛法的目的就是學習如何有智慧，有了智慧，你的目的就又不同了，那時的目的是什麼呢？菩提道。你發心的時候要走這條道，不走別的道，離開這條道，別的道都是迷惑的道路。這條道路叫覺道，又叫菩提道。你不要去三惡道，也不去六道輪迴了，其他的道都不要走，就走發菩提心的道。這樣子大家就知道佛爲什麼要說法，我們爲什麼要學習佛法，學習佛法就是指導我們日常的生活，指導我們一切的行動。如何指導我們的生活呢？

比如你上街買菜，要在家裡做飯，買菜的時候不要過份挑撿，有很多人把人家的菜撿了又撿、剝了又剝，過了三五個人，這個菜撿的已經不能賣了，都爛熟了，你該拿多少就拿多少，不要特別的挑撿，這就是大悲心。你行菩薩道，就能體會到賣菜並不容易，假使你是那位賣菜的，你心裡作何感想？每一件事情你都設身處地用自己明白智慧的心去做，你就是菩薩。

譬如說你在家裡做飯，給先生或者家裡長輩，或給自己子女吃，你又如何想呢？你要想這是利益眾生的，誰吃到我做的飯也都能發菩提心，都能離苦得樂，都能發大悲心，都能成道，再也不到六道輪迴來轉了。每一天你做飯的時候都這樣發願、都這麼希望，你也是在行菩薩道。

當然在醫院裡，每一位醫生、每一位護士及醫院裡的每一位工作人員，都是在利益眾生，減少一些眾生的痛苦，醫生的工作就是減少眾生的痛苦。有病就是苦，減少你的痛苦，幫助你健康，他們本身就是行菩薩道了。假使說只是爲了掙工資來做這事，就沒有這個功德。所以你做任何的事、任何的工作，都要在生活當中，時時行菩薩道，這就是佛法，而且還是大乘佛法。

如果說你自己沒有這麼大的力量，只爲自己修行，那也好。你對這個世界就不要貪戀，沒有任何一樣好事值得你留戀的；知道這個世界是苦的，你要去求離苦的方法。知道苦了，就別再造業了，苦是怎麼來的呢？苦是果，這個果是由你造的因而來的，我說造業並不是指殺人放火才是造業，你起心動念都在造業！儘爲自己打主意，從來沒有想到別人，我說這話不過分。

我們想想，在每個家庭，父母跟兒女都在打算盤，互相算計，更不用說兄弟姐妹了，每一個人都想自己舒服就好了，根本沒有想到別人。只有做媽媽的是以慈悲心對待子女，這個大家都能體會到的，但也有做媽媽的把自己的子女殺了，現在這種案件也是有的。如果你看到世界上的這些情況，生了厭離心，不造惡業了，你就看好自己的念頭，要注意起心動念，不要等業造成的時候再來改變，而是在業開始的時候，你就把它截止了。

照顧好念頭，就是往出離的道路上走了，這就是修道。

修道也得按佛所教導的，佛教導你一天要怎麼樣做，從早上一起來就看好你的心，讓它不作惡，念念緣念三寶，思念觀世音菩薩是怎麼做的，地藏菩薩是怎麼做的，我一天做的都是幫助別人的事，包括你自己的子女在內。像我們在家庭裡頭照顧子女、先生，就好好幫助你先生，照顧好子女，讓他們愉快滿意，這也是行菩薩道。另外，自己不要忘記佛的教導，要經常念佛，念佛要在心裡念，不是口裡念，也不是出聲才是念佛，你心裡默念，想佛所做的事情是些什麼事情，也是念佛。你念經、知道佛的故事，佛沒有自己，他想到的都是眾生，你也要這樣學，要利益眾生。不要說不利益人家的話，不要說傷害人家的話，乃至於不要做傷害別人的事。凡是能幫助別人的事把它擴大，凡是想要整人家、害人家、對人不利的話，儘量的把它縮小，不要罵人了，更別說人的是非，讓別人受誣害了。不要說假話，對任何事都要誠懇的眞實的，這就是防護好你的口業。身體不殺、不偷盜、不邪淫，這就是做好身業；心裡再不起貪瞋癡念，你的識也清淨了，你還不能離苦得樂嗎？這就是修道了。

我在清泉會館講〈修行〉，就是說你受了三皈五戒，學了佛法之後，你做不到別的，或者也沒有時間修行，但是每天念念「皈依佛！皈依法！皈依僧！」總應該可以做得到吧！當你忙了一天，到了晚上要睡覺的時候，這個時間該屬於你自己的。你念十聲「皈依佛！皈依法！皈依僧！」早上起來一張開眼睛什麼都還沒有想到，先想「佛、法、僧」，這就說明你能「善用其心」。把心用的非常的善良，這樣就是修行了。這是一種鍛鍊，鍛鍊你的心。因爲你會經常想到佛做些什麼事？他說過些什麼？教導我們做些什麼？

可是，我們不要去看出家人的過失，你不要去分別這位僧人是普通的僧，還是哪位和尚做的不對，因為他出了家了！當時要出那個家就很不容易了，都放下了才出家。出家以後，他不修行或者退了道心；或者出家的時候就不純，你也用不著去分別！僧是包括一切聖僧、菩薩僧，不要看見一兩個和尚不好，就說和尚不好，不要這樣，這只是增添自己的過。你用這種心來對待佛法僧三寶，那你心裡頭自然就能純正，這也是修行的一種方法。但是這樣還是不夠的，這只能逐漸轉變你的心、轉變你的思惟，使你的思惟能夠不離開佛法僧三寶。

我記得幾年前講〈淨行品〉，在經文中，文殊師利菩薩就叫我們「善用其心」，我們不僅不知道怎麼用心，而且妄心還遮蓋住了我們的眞心。如果「善用其心」用的好，我們的妄心就會順著我們的眞心，眞心就會顯現了。那時眞心顯現了，智慧自然就明白了，做任何事情自然就不違背佛的教導。現在我們做十件事，恐怕十件事都違背佛的教導，但是我們學了佛法，是不是都能順著佛的教導去做呢？我還做不到，我出家六七十年了，能不能在念念之間都能夠跟佛的教導相合呢？我做不到，我想能夠做得到的人也不太多吧！

我們必須悟得了、證得了這個心，念念都是覺悟的心。現在我們的心，念念都是妄心的支配，就像我剛才所說的，我們接觸到許多的人、事，我們都被人家轉了，隨人家轉，沒有了自己的主見；對事沒有智慧，沒有智慧的話，你的判斷就會有錯誤。

另外，我們最大的一個毛病—愛批評，對人也批評，對事也批評，總要說說自己的觀點和自己的看法，這是絕對錯誤的，往往會引出是非來，引火燒身。不要批評別人，因爲我們既然不知道現前事情的發展，也不知道事情的原委，更不知道過去世中多生累劫的事，知道是什麼因果促成的嗎？不知道的話，就要多觀照，用觀去觀照而不是用分別心、妄想心、是非心，要用智慧來明辨。你要有力量幫助他，啓發他的智慧，而不是增加他的煩惱，這是最基本的態度。少批評人，少對一些事情下結論。

佛教導我們的是要多觀照自己，看自己有那些不對，然後自己改正。

不是要我們去看一切眾生的過，眾生的過是看不完的，每個眾生都有習氣、惡業！他既然能到這個世界上來，就有他一定的善業；但是他要是從畜生道來的，從餓鬼道來的，就跟天道來的不同，因爲他有他的習氣，你要能夠隨順他，隨緣轉化他，不要促使他更加的煩惱。

如果世上每一個人都能這樣來「善用其心」的話，世界就會很安定！因爲不可能達到這個目標，所以非常的混亂。因此我們初信佛的時候，或者要想更深入佛法，就要從你受了三皈依開始，好好學習三皈依。我們好多人是受而不學，受個三皈依，只是跟著師父念一念就完了，其實三皈依的內容很豐富，包括的很廣，你先學習三皈依，學習之後再去深入，才能轉化你的思想！思想是很不容易轉化的！

學佛法不要貪多，貪多了你不能夠一門深入。如果你想學《般若部》，大家就念《心經》或《金剛經》；如果念《阿彌陀經》，你就要深入理解這部經的意思，反覆的思考，不是一遍兩遍、三遍五遍，而是三年五年、十年八年，甚至於一生都學不盡。你要是這樣的深入，學完了之後就能證入，也就是聽到了而後思惟，思而後觀照去修行，有時一句話、或短短的幾句話，你會一生受用不盡的，大家相信嗎？

我們這裡會背《心經》的道友可能很多，「觀自在菩薩，行深般若波羅蜜多時，照見五蘊皆空。」怎麼照見呀？要如何自在呀？就這麼一句話就夠你學的了。在行深般若波羅蜜多的時候，才能夠照見呀！這樣子他就是在修行般若波羅蜜多。我們現在的修行呢？這對我們來說很深哪！我們只是口中念一念，還可以種一點善根，但是沒有辦法深入，像《金剛經》中說：「不住色聲香味觸法，應無所住而生其心。」這個心是對境才生起的，如果沒有境了，不對「色聲香味觸法」，我們的「眼耳鼻舌身意」還有用處嗎？大家試試看，你對境生起的都是妄；這是佛跟須菩提說的，須菩提已經證了阿羅漢果，他說：「應無所住而生其心。」無住，生的心是無住的心，無住的心，不住「色聲香味觸法」，心沒辦法生啊！「我們能達到無住的心嗎？」就這一句話，經過你的思惟，恐怕幾十年你都契入不了！等你契入了，就證得了。有人說：「開悟了！開悟了！」開悟了，也只是明白，明白什麼？明白還不是證得。

我們聽見師父們說，自己也跟著念念，心裡認爲做對了，是這樣嗎？等遇到事你就糊塗了！或者有人說：「我還行，遇事不糊塗。」但是，你有病的時候痛不痛？當苦難來的時候你煩不煩？你還是生心，並沒有不生心！臨到生病的時候，你要觀想觀想誰在痛？肉體在痛，肉體不是我！是我那能觀照的心在痛？能觀照的心不會痛啊！所以《楞嚴經》上說：「有覺覺痛，無痛痛覺。」你覺得痛，那個痛痛不到你覺上去！當我們肉體痛的時候，爲什麼打個痲藥針就不痛了？這都是我們要思惟觀照的地方。我們思惟觀照一下那個覺，覺在什麼地方？這個道裡很深，我拿它做個比喻。

其實，有些經我們並沒有懂，還不明白，只是念一念而已。講經的師父是不是懂了呢？那也只是文字上的。有沒有契證呢？有很多法師是契證的，可是我還沒有證入，這不是說話就可以的，得等到眞正用上了。對佛而言，用就是妙用了，那位道友能夠把佛經所說的話眞正用上了，不但體會到、思惟到而且經過修，修而證得了，證得無障礙了。像我們經常念佛，大家可能也有這種境界，能念佛的念跟所念的佛號，等你念到功夫純熟的時候，沒有感覺到能念的念，也沒有感覺到所念的佛，能念所念泯爲一體了，你才有一定的功夫了。你把能念所念，念到一定的時候，達到能所泯爲一體了，這個時候如果你有病的話，你一觀照，就不痛了！因爲肉體是物質的，你能觀照的心跟所觀的境，境心雙亡了，到那時候就自然能夠解決所有的問題。

當親友有什麼苦難的時候，你要幫助迴向一下，如果你證得了，就有這個力量迴向給他，讓他確實能得到平安。但是，現在我們還沒有這個力量，因爲我們的這個大悲心跟佛菩薩的大悲心不一樣。我們的這個大悲心是沒有智慧的大悲心，是情愛的大悲，我們是從情感上出發的，因爲我們有簡擇、有分別。這個跟我好，我看這個人順眼，我對他的慈悲心就大；這個人我就是討厭他，我們所說的冤家，兩人平日就不合，你生不起大悲心呀！大家想一想是不是這樣子？如果是這樣的話，一定要改變，因爲這樣子是不對的，我們要學習什麼樣的大悲呢？平等的大悲。特別是我們的冤親債主，大家在修行、迴向的時候，不是都迴向給冤親債主嗎？在迴向的時候，你確實是眞心的給他迴向，誠誠懇懇的念經、跪拜。可是他得到的並不大，是什麼原因呢？因爲你修行的力量還不夠，當你修行夠了，確實有力量了，不論誰來求，你一作意，他確實能得到，得到的時候他會有感應的。當你自己功力不夠的時候，你連自己都度不了，怎麼能去幫助別人呢？這個道理很簡單。

當我們學佛之後，要從初學佛的點點滴滴開始，經過了我們自己的修持，這樣子不但我們能夠受用，還能夠幫助別人，讓別人也能受用。

另外，我們怎麼來驗證信了佛之後，不論是持咒也好，念佛也好，讀大乘經典也好，看一看自己得到幾分。想要明白一下，你自己可以測驗一下，如何測驗呢？就是在你的日常生活當中，當別人做了違背你心裡的事，你很不滿意，但是卻能夠忍受，甚至於不生煩惱，不去怨恨這個人，更不用說有報復心了，這樣子你就已經有一點功力了。應生煩惱的，你不煩惱，你也有了智慧了。這個事別人做的不對或是危害到你，你明明知道，你也不說，只是忍受，這就說明你有了功夫。見到好的東西，你雖能得到，卻能不貪、不取；日常生活當中的飲食、穿衣，感覺到自己的貪愛心確實輕了，已經有功夫了。

由這個基礎上再進一步，會到達了什麼樣的境界呢？要連這個辨別的心都不生起來，那就更爲進步了。在日常生活中那樣的觀照、磨練，你的惑業以及生活習慣、特別的習氣，就會逐漸的消失！古人說：寶劍鋒利是從磨練而生的，就是這樣。要怎麼樣讓自己不生貪心？你要先觀這一切法都是假的，沒有一件是眞實的，貪到了也得不到；我們看到好多人得到了，不久又失掉了，轉給別人又得到了，得到又失掉了。世間的財富不就是這樣的嗎？今年在這家，明年又跳到別家了。你看看那間房子賣了，別人買了，買了又賣了。自己修到的，你才能轉化，修不到的，得到了也不是你的，非份得到的，不但不是你的，還會引出禍端來，在中國歷史上有許多故事可以證明。

你讀過佛經的話，就會知道爲什麼了，你的心裡就不會去貪著名利了，學佛不是爲了貪名，更不是爲了求利。但是，有沒有運用錯誤呢？學佛是不是爲了貪名貪利呢？

我剛才說的都是正面的，現在說說反面的。如果你說我信佛的目的，是讓師父保祐我發財，這是不是屬於利呀？現在因爲我信佛了也是善人，又加入佛教團體了，當財團法人的負責人或者掛個名義，或成爲某某大居士被認可，自己心裡就很得意，但是如果師父不理會他，他就又生煩惱了。有沒有這種情況呀？這就是貪名貪利。

當你讀佛經或者聽佛法的時候，你不了解佛說這一部經的意義，只是貪著文字，只執著那部經文，不明白經文指的是什麼？古來大德經常比喻說，佛說的那個法就是以指來指那明月，是讓你認識月亮，不是執著這個指頭。如果你明白佛爲什麼要講經，就不會執著於文字，你要是悟得佛經的那個理，而那個理就是你的心。能悟得你的心，在你護持三寶的時候，就不會貪著名利，而能眞心護法，別人自然不會來謗毀。如果你的心不純正，外頭就會有謗毀。

有人曾經這樣問過我：說某某法師收了好多弟子，怎麼樣的轟轟烈烈，修了好多大廟，把佛法傳得很興盛。而有些老和尚住到山裡去了，什麼也不管，只顧他自己修行，這個法門是衰萎了嗎？大家想想看，是這樣子的嗎？如果不知道怎麼樣學佛經、爲什麼學佛經，你是很難開悟的，也進不去佛經，悟不到理。如果你不知道自己的目的，反而在三寶當中，借三寶的力量來增加自己的財富，這樣怎麼能夠利人利己？不可能的。既不能自利也不能利他，如果跟你學的人越多，佛法越衰萎！這不是興盛的境相，而是衰敗的境相。佛曾經這樣教導我們：「入了佛門不修行的，不論四眾弟子，比丘、比丘尼、優婆塞、優婆夷，都是獅子身上的蟲，自食獅子肉，佛法是要滅的！」目前的時代稱爲末法，就是根據這一點來論定的。

像現在佛門中也有些爭議，有人問說：爭議是對還是不對呀？這個問題是籠統的，他爲什麼爭議？我記得永嘉大師教導我們說：「圓頓教，沒人情。」佛教的圓滿大愛，佛的教導，是不講人情的。「有疑不決須直諍！」我對這個問題懷疑、決定不了，猶豫不決，那就爭吧！爭論是爲了明理，就可以爭論。「不是山僧逞人我，修行恐落斷常坑。」我爭的不是是非，爭的是道理，如果道理不明，很多人照著去做去修行，不但修不成而且還容易墮落。雖說三寶是福田，誰種下去都可以成長，豐碩的結果。假使說不是這樣子的，它會造罪的，在三寶之中犯了錯誤，或者再造罪墮落下去的話，很不容易翻身上來的。

這一段話，我是誠誠懇懇的跟諸位道友說，我們學了佛之後就要老老實實的，爲了出離、爲了脫苦難，一定要相信因果，要有正知正見，知道何去何從，這是很重要的。本來我們在三寶當中，不清楚一些三寶的現象，我們怎麼知道要如何修行呀？所以這些現象跟我們很有關係，甚至包括這個世界上一切事物的現象、一切的人，跟我們的修行都有很重要的關連。所以我就跟大家說，佛法就在你日常生活當中，就是要在你的日常生活當中修行，隨時用好你的心，讓你學佛的這個心，把佛所教導我們的方法跟你的修行、日常生活、工作結合在一起，讓它們交集成爲一條道路。要是變成——「佛法是佛法、你是你」，成爲兩條平行線的話，你學法是不會得到什麼好處的！

同時還要認識到，我們擁有人的身體，是很不容易的，要尊重自己，我們能有這個身體是非常可貴的。在六道當中，只有在人道能夠聞法、修行。天道的福報不是比人大嗎？不錯！但他去享樂了，不肯修行，所以天道不如人道。另外，三塗苦難多，他沒有一點閒暇的時間，只有人的圓滿身是最可貴的、又能夠修行。所以當了一個人，六根具全，又能遇到佛法，這是很不可思議的、非常可貴的。

但是，你也要知道，這可貴的身體是無常的，像我現在八十多歲了，但回憶起來好像過得很快，好像一晃就過來了，這就說明它是無常的。這可貴的身體不是常在的，很快就會消失了，而且這中間得經過很多挫折和苦難，很難得有修行、聞法的時間，甚至自己根本就掌握不了時間，你希望不要失掉人身就已經相當困難了。當我們了解這種情況，又知道人身是可貴的，是無常的，一旦我們遇到佛法就要抓住機會，抓緊時間，讓我們所學到的佛法，能和我們的日常生活結合起來，使我們脫離這個苦海，並且發菩提心度眾生。

如果我們做不到發菩提心度眾生，我們也可以做第二步，先把自己度脫了，等有力量了再去度脫別人，要這樣子來學法，才眞能學到一些實際而又能得到受用的方法。我們都知道念佛要怎麼念、誦經要怎麼誦，佛教徒都知道應該要怎麼做，也知道受了三皈依之後要時常繫念三寶，不要去信外道。

說一句大家不愛聽的話，大家都很懈怠，不肯眞正精進的去修行，把修行這事當成次要的，掙錢、玩樂、聊天的時間都比修行的時間多！這樣子怎麼能得到修行的好處呢？所以並不是沒有修行的時間，而是自己很懈怠。我們要是把一天二十四小時的時間分解一下，用在修行、用在觀照自己爲什麼有這麼多的苦難，就會知道爲什麼那些修道者能夠成道，而我們不能？這是因爲我們修行的時間太少了。所以我剛才跟大家說，不論知道多少都可以，把你所知道的佛法能夠運用到你日常生活當中，這就是你的修行了！你不可能另外去修行，你不能像我們出家人一樣，我們是專業的，自然得修行，出家人的目的就是修行。但是我們在家眾有很多家庭的事物，很多社會上的事物要操勞，你怎麼辦呢？你要把佛法運用到你的生活當中，工作也好、修行也好，這樣的結合起來，也算是修行了，這樣子你就能夠得到很多的好處。

要在我們日常生活當中修行，先要鍛鍊好我們的心，要怎麼入手？要跟日常生活結合，怎麼結合？我們一定要照顧這個心。心裡想什麼，佛教術語叫「心念」，我們這個「心念」，有我們過去的、多生累劫很多的習氣，很不容易糾正，我們總以為修行，就要有一間清淨的屋子，沒人干擾；或者磕頭就是修行了，或者念經、讀誦經典、坐禪、靜坐、禪修，或者念咒，這樣子才是修行？但是這種修行有沒有很多困難？

我剛才說的，你一天在生活當中要面對很多的人，接觸很多的事，你要是遇到一個人罵你、謗毀你，或是傷害你，你要怎麼去面對？如何對待？因此，你在日常生活當中要運用佛教所教導你的方法。人家罵你謗毀你，你就要修觀，因爲這一切都不是眞實的，等一會兒時間就過去了，要忍讓。當然我們不是一開始就能夠忍，最初是很困難的，但你做久了，就能忍了，這才是眞正的修行。

以前我們還是小和尚的時候非常調皮，有一位老師父在修行坐禪，坐完了，我就說：「我們幾個去惹惹他！看他生氣不生氣？」這時我們才知道坐禪的人脾氣更大！一惹他，他火冒三丈，把我們這些小和尚大罵一頓。我們這樣做當然是錯誤的，也因此知道，如果修行功夫沒有證入的時候，對境是禁不起考驗的！

就像當你誦經的時候，有人來打你的岔，讓你誦不下去，你心裡就會起一種瞋恨心。當你用功正進入狀況的時候，對於干擾你的人，你是不是會發脾氣？甚至你的母親，或先生、太太、子女，你都生起瞋恨心的話，這樣的修行還有什麼作用呢？你自己得不到好處反而犯了過錯，甚至於那些給你障礙的人，也得了不好的果報。在這個時候，你一定要忍耐，遇到麻煩的人，或者麻煩的事，要能夠很清楚認識它，這就需要智慧！不但不生煩惱而且很愉快的，要是有人干擾你，就把經本合上，不念也可以，你心裡頭默念觀誦一下。當你再遇到人或是事，造成你一些不愉快的痛苦，就可以這樣觀想，完全看你的功夫。所以我跟大家說，就是你在日常生活當中隨緣去運用，遇到的緣不好，你就停下來，等緣好了再用，不要生起煩惱，這是訓練心的最初方法，剛開始你會遇到很多的事，而且很多的事會跟你相反，要注意一下。

另外，我們要先訓練這個心，讓心念純一。前面講訓練它，譬如看任何事情，「看見」就是「看見」，不假分析、不假批判，「看見」就是「看見」。因爲我們這個心老是向外去分別，什麼好的壞的，那個好那個不好，擔心太多了，這樣子對自己會有罣礙，而經常生活在恐怖當中，因爲你心裡頭有罣礙，有罣礙就有恐怖，經常的生活在恐怖當中，生活在愛、恨之間，高興的、悲傷的，你的心就會攪亂了，這樣就是動心了。

修道不難，難就難在我們的分別心太多了，喜歡簡擇好壞！要觀照你的心在那裡？你的心住在什麼地方，你的快樂就在什麼地方，你的心總是住在快樂上面，不是住在煩惱上面。

我們經常講，佛心、眾生心乃至我們的心，三心無差別，總說就叫佛性。有的道友常觀想，想找自性、佛性，這並不重要，你不要再去找了，你的心在那裡，佛心就在那裡。是你自己相信不相信、自己有沒有信心，你念觀世音菩薩，相信你自己就是觀世音菩薩，你念地藏菩薩，相信自己就是地藏菩薩。

之前我講《大方廣佛華嚴經》的時候，我就勸我們的道友，相信你自己就是毗盧遮那佛，你不要去思惟你的佛性在哪裡？哪裡是你的佛性？而是你相信不相信，你先把你的信心定下來再說。「信心」，我們一聽到「信心」就彷佛說：信佛不？信法？信僧？信那位師父？不是的，信是信你自己的心。你要是這樣信了，不論念佛念經也好，乃至怎麼樣去斷煩惱，怎麼樣去觀照，依照佛所教導的方法，你自己這樣的來修行，來訓練你自己的心。我們過去的習氣很重，我們的心很不規矩，每個人要是能這樣觀照一下的話，就會知道人的心是從來不停歇的，念頭是從來不住的。但不論發生什麼事情，如果能夠像在佛堂念經那樣，安然處之，心平氣和的相處，不要過分的去注意，過一陣子，你會發現任何事情都不會持續太久的。你要是有了這個心，對你會有很大的好處，煩惱不會常在的，一會兒就過去了。

做父母都能體會到，當你的小孩跟你煩的要死，你也跟著煩惱，一會兒小孩忘了，玩的很高興了，抱著媽媽又親又熱的，你的煩惱也過去了，又高興了，所以任何煩惱不會太久的。任何事物都不會太長久的，你覺得好像很長，一旦過去就過去了。

我自己就是這樣，當我那幾十年在監獄裡頭，我想不會太久，大概過幾天就出去了，心裡頭總希望它不會太久，知道它絕對會過去，等過去了也就沒事了。一切事情過去了，不必再把它拉回來，不必再回憶、留戀，回憶就是留戀，一回憶一留戀，煩惱就又回來了，大家想一想是不是這樣子。你過去的煩惱事、傷心事，一想起來了，就要掉眼淚吧！跟著又傷心一回，一個人受了苦難之後，他會經常回憶，左一回右一回，又引起傷心了，幾個朋友在一起，一說到過去就喝酒吧！用酒來澆過去的愁，不澆還好，越澆越多了。過去的事就不要去想它，就讓它過去，也不要為未來發愁，你知道未來是什麼樣子？不是你想怎麼就能怎麼樣的。你出了社會，整個社會環境是什麼樣子，你沒有辦法！現在呢？現在是不住的！不會停止的！什麼是現在？我們七點鐘上課是現在，現在過去了，現在八點多了，等一下就下課了，下課了就沒有了，一切事物都如是。

因此要認清楚我們的念頭，什麼是你的念？一定要認清楚你自己的心所生起來的法。法只有兩種—「心法」跟「色法」，這兩種就包括一切。「色」就是一切形形色色的事物。何謂「心法」？何謂「色法」？自己要多觀察自己，多觀察自己的「色」、「心」兩法。我們這個觀也是照，剛才已經舉例，還沒有跟大家解釋，現在跟大家解釋一下。

「觀自在菩薩，行深般若波羅蜜多時，照見五蘊皆空。」這個觀就是照，也就是讓我們認清楚五蘊是什麼，「色、受、想、行、識」。識就是「心法」，色受想就是「色法」，就這兩法，一切法都包括在五蘊裡頭了，空的，怎麼空的呢？「行深般若波羅蜜多」，用深般若波羅蜜多，用慧一照，就曉得一切是假的，沒有一樣是眞實的，念念不住的時候，這不是眞心，是你的妄心才會念念不住。你仔細看周圍的一切事事物物，看一個人的身體，不分男的、女的、老的、少的，就是一團「色」和「心」，沒有別的。男的是「色」跟「心」，女的也是「色」跟「心」，什麼醜的、好看的、不好看的，都沒有了。你得這樣觀照，這就是它本來的面目，你要這樣來認識它。

所謂「心法」，就是心的活動、心的念頭，「色法」就是心對境的觀照，現起的時候，眼就觀色、耳就聞聲、舌就知味、鼻就嗅香、心就對自己的法塵影色，就是「眼耳鼻舌身意」對「色聲香味觸法」，六根對六塵。

總的說起來，這一切是從你的心生起的，見到這些「色法」，當你觀照的時候怎樣才能夠不分別，心裡不動念？看見了，自己心裡知道但不出聲，心裡默念：「看見了！看見了！」看見就看見了，看見什麼了別往下追，當六根對六塵的時候，就念著：「看見了！就看見了！」、「聽到了！就聽到了！」、「聞到了！就聞到了！」這個見就是見到，不去分別見到什麼，這是覺照，發現一看、一聽、一嗅、一嚐、一觸，在這一念間如實觀照，工夫到家了就不會失掉，但是念要住，「見到了」就是「見到了」。要念住，如果一分別見到什麼了，這就不是住了。「見到了」第一念就這一念，這是很容易見得到了，這個念就住到「見到」而已，如果再一分別，那念就不住了。我們在鍛鍊心的時候，就是心念住，「看見了」就「看見了」，不要再去聯想，如果你一分別，見到了，見到什麼了？見到花了，這個花是供佛的，或者一長串往下想去了，這念就不住了。這裡講的是念住，念住了之後，它能夠生起一種智慧。

在四念處裡有講到這個法則，有一位緬甸的大智馬哈希禪師，就教導他的弟子要念住，他就用這種方法教他的弟子修行。「看見了！就看見了！」不要念念相續，要讓它念住，住多久呢？如果我們能念住，看見了就只有看見，就像我們念佛、念佛、念佛，念念都住在佛號上，沒有第二念，也不分別。

念住，就是觀照，這說明了什麼？覺察到了，見到了這是覺，覺知發生觀照，覺知觀照，照見了，就用觀而不動念，念住，念頭純，這樣子你的修行就能漸漸定爲一境，在這個境上不起分別念頭，久而久之你能生出定來。假使第一念見到，爾後又生起第二念的分別，一分別就會散亂，你就注意著說：「散亂！散亂！」散亂的念頭走了，這是一種治散亂的方法。

在日常生活當中，當你「善用其心」的時候、念阿彌陀佛的時候，心裡頭也只有這一個念頭，一走到其他的念頭上去了，你就要能知道：「散亂！散亂！」散亂就離開佛號。而念純，就是念住一境而不移動，就是住。跑開了怎麼辦？跑開了再拉回來，「散亂！散亂！」那念頭又回來了！任何起心動念，你一起心馬上就觀照，照它！要是你念念沒有了、昏沉了，照不明了，你馬上也警覺到，要「觀照！觀照！」

在你這樣子思考、修行的時候，也會有些境界，幻相會現起來，有恐怖的心理，或由思想上產生一種幻覺。我們所說的鬼神，都是你自己的幻覺，因爲你的幻覺，外頭的境界像才會現起。有沒有趁虛而入的呢？這種情況是有的，但都是你的幻覺，你要觀照你現實的思想，就是你現在的念頭──「住念」。這個方法包括了很多的問題，在日常生活中，你在做一件事就是一件事，作飯就是作飯，念頭就是在作飯。飯做完了你再換了一個環境，換一個境又做一件事，就住在那個念頭裡。你到了佛堂念經就是念經，念經的時候必須字字句句都清清楚楚的，這叫不散亂，一但離開這個境就叫散亂。拜佛也如是，修行都如是。這種「心念住法」，就是使我們的心念住在一個境上，只要稍微的有第二念就不是了。

心一定要住於念，因爲在住念的時候，如果不加以觀照的話，它會散亂昏沉的，那時就要加以觀照。念住了，它就不會散亂了。做任何的事，你心裡頭念一定要純，這是「毗鉢舍那」的觀法，經過這種觀法，你就能夠逐漸的生出一種智慧，而且這種智慧還不是分別的，而是照了的，它自己會觀照。今天我們就講到這裡。

【問答篇】

問：請問師父，夏天很悶很熱的時候，如果想要靜坐數息，因爲太熱了，身心常常不能調適，請師父開示。

答：夏天很熱，你可以開一點冷氣！我剛才講的念住，你念經的時候心裡想著很熱，你念沒有住，就被熱境給轉了。這個時候你應當事先考慮環境，適不適合念經？要是功夫修到了的時候，對於冷、熱都能自在。像我們初念的人，在這時候你就別念了，你再念下去也得不到什麼好處，心裡熱的很慌亂、很煩。你停下來，念念佛或者到外頭散散步，涼快涼快，等涼快的時候再來念。這是依世間境界上說的，剛才我們講到念住，你的心就沒有住在經上了，已經失了念了。念經沒有住在念經上，反而住到冷熱，這就是被外頭的境界轉了，心隨境轉了，不過不是經上的境，而是隨外頭寒熱的境所轉了。

問：師父有一個問題想請教一下，有一個人他是念佛的，什麼都很好就是有時候離不開吃葷的，等於說吃三淨肉，不能完全吃素，這樣可不可以往生？

答：念佛跟吃素是兩回事，爲什麼是兩回事呢？大家知道西藏的教義吧！喇嘛，他們都吃葷啊！釋迦牟尼佛在印度的時候也都吃肉。原始佛教的國家，泰國、緬甸或者是信原始佛教的人也吃葷，吃葷、吃素的問題，跟修行是兩回事！不要把這個問題看成只有吃素的人才是眞正修行的人，不吃素的不是修行人，不是這樣的。

吃葷、吃素都沒有關係，我們講的是心，我們今天講的多偏於「心法」。如果你吃肉，認爲自己是吃眾生肉，認爲自己是殺眾生了，那麼你念佛的功德沒有了。如果你吃肉，是爲了塡飽肚子，跟吃飯一樣的，那也沒有什麼。但也得看環境，如果你挑口味，像要吃魚蝦什麼的，而你自己又認爲吃葷不對，念佛的人不該吃葷，那就有罪過。如果你心裡頭沒有這種分別，沒有吃葷、吃素的分別，純粹爲了塡飽肚子，你拿給我什麼，我就吃什麼。

念佛跟吃葷吃素是兩回事情，念佛的人說吃葷能不能生極樂世界呀？釋迦牟尼佛也是吃肉的，釋迦牟尼佛也修成佛啦！不要在吃上計較，應當在心裡頭上說你誠懇不誠懇？如果認爲自己是一位念佛人，不該吃葷，那吃葷就不對，如果你沒有這個思想，就沒有問題。

問：請問師父一個問題，睡覺的時候，如果睡到半夜時有蚊子干擾你，要如何處理這隻蚊子？因爲現在大家都沒有用蚊帳的習慣，這個問題非常困擾我。

答：你有蚊帳就用蚊帳，沒有蚊帳就用蚊香，把牠驅逐出去，不干擾你就行了。這個問題算是問題嗎？以前的師父到樹林裡頭打坐，那些蚊蟲、那些蟲子怎麼辦？這不是問題！

問：請問師父，我是初學佛的人，就是依剛才師父所講持續不斷地念經還是不理解，例如《般若波羅蜜多心經》，念很久了還是不理解，要怎麼樣才能突破？

答：不懂，找一個人給你解釋解釋，當然你不求懂也可以！念咒你懂嗎？像有很多咒都沒有翻譯，你懂嗎？也不懂！這部經跟咒就是鍛鍊你心的方法！你的心總是專一的。《心經》，我給你解釋一下，你知道般若波羅蜜是什麼？是智慧，智慧能幹什麼？能了生死，懂得這個大意就好了。

問：晚上睡覺的時候心裡應該是很平靜，但是，我整個人覺得就是氣很旺，然後被這種感覺帶著走，我該怎麼辦？

答：你感覺的到嗎？

問：跟我講話，我當然感覺的到啊！

答：誰和你講話？

問：我不曉得。

答：不曉得有兩種，一種是你自己作夢，一種不是作夢，很清楚。

問：大概是清楚的吧！

答：如果是清楚的講話，你就念一念觀世音菩薩聖號、地藏菩薩聖號，這種聲音漸漸就消失了，你念聖號或者念阿彌陀佛的聖號都可以，對治一下。你有恐怖感嗎？恐怖就念佛吧！念佛就不會恐怖了，或者念咒也可以，你平常喜歡念什麼，你就念什麼，念念就睡著了，天天念，以後這種聲音就沒有了。

問：請問一下，上次不是開示說我們要供養一切眾生而不是要一切眾生供養我嗎？剛剛又怎麼說可以不要吃素？

答：你理解錯了，不是不用吃素，已經吃素的人還去吃肉呀？他是問，念佛跟吃肉有沒有關係？佛法從印度傳到中國來的時候，因爲國家、國王的法律，是屬於大乘教義，說吃肉會傷了大悲心了。但是佛有三淨肉，不見、不聞、不爲我，牠不是爲我殺的，我也沒看見牠被殺，也沒聽見殺的聲音，這是三淨肉。到了後來《涅槃經》、《楞伽經》，這是給大菩薩說的經典，說大菩薩慈悲心重不應該吃眾生肉。佛在世的時候乞食，人家供養什麼，你就吃什麼，在家居士做的，你總不能說：「我不吃你這個飯，我要吃素的呀！」難道要再給你重做嗎？

目前在台灣這個環境當中，吃素很方便。爲了發菩提心，你當然要吃素，你不能有意的去吃肉！吃素是對的，不是錯誤的；但說吃葷的人是錯的，也不對。我是這樣的意思，要隨順因緣，隨順環境，看他怎麼用心。故意吃葷，是不可以的！剛剛那位道友是問，吃葷對念佛有沒有妨礙？我是解釋他所問的問題，你問的問題，我就不解釋了，因爲你已經吃素了，就不要再吃葷了。

問：請問師父，覺知本身的空性或者說覺知本身的覺性，就是般若或是佛的了知嗎？

答：你現在的這個覺知不是般若，你這個覺知也不失般若，你不能把這兩者截然分開。我說，你不能認爲這個覺知是般若，但也不失掉般若，妄與眞就像一隻手的手心和手背，哪個是妄？哪個是眞呢？

問：如果說曾經經驗過，由鼻根聞到花香而見到空，然後達到身心空虛，這是什麼樣的情形？請師父開示。

答：一根通了，六根都通了。不是說只有鼻根、舌根、耳根通而已，觀世音菩薩耳根圓通就是這個涵義，一通就都通了！由見到鼻聞性、證得圓通了，其他的覺性都證得圓通了。圓通只有一個，不論用在那個根都可以，鼻根聞到香性了，耳根聽聲音也是一樣的，只要一根圓通，六根就互解了，明白了嗎？這就是六根互通了！但是我們凡夫會退轉的，經過個幾個小時，它就會退轉了。我們凡夫偶而碰上一次，並不是眞的通了！那是你的心靜了，並不是證得了，證得了就不會退失了，初地菩薩就見道一分了，到了十地就圓滿了。普賢菩薩，是十住十行十回向；我們是相似的見佛性，並不是眞正的證得了。在佛經上，證到什麼地位，是有一定階位的，不是隨便說說的，斷惑，要斷到什麼程度都有一定的。

在病苦中修行

昨天我講在學佛之後，要跟我們的日常生活結合起來，這是普遍的說，因爲我們每個人的生活情況不同，所學到的佛法也不同；因此在學習過程的當中，我們最好找適合你，對應你的根機，可以幫助解除你的困難的法門。

據我個人學佛的經驗，一般都是生活上的困難比較多，經濟不好、被人家陷害，甚至因爲自己多嘴惹是生非，惹出麻煩來了，或是情愛、家庭糾紛的問題，反正都是日常生活當中的事。當你解決不了的時候，想在心靈上求得解脫，就帶著這些問題來學佛，看佛對於這些問題是怎麼說的，怎麼處理的。不要什麼都學，像《法華經》、《華嚴經》、《楞嚴經》、《楞伽經》這些經，雖然都是圓滿的教義，但是對你是否適用呢？這就是個問題了。學佛就是要學以致用，學到了就要用，像這些了義的經典，你學了還用不上，一用反而變成錯誤。

你得一步一步走，像《法華經》中的第二十五品〈觀世音菩薩普門品〉，很適合我們，因爲你只要念觀世音菩薩聖號，就能夠解答你一些問題，你求什麼就得什麼。現在我們台灣好多地區，連續的大雨水災，像「降雹澍大雨」這些問題，觀世音菩薩是可以解決的，但看求的人、念觀世音菩薩聖號的人，是怎麼求的？怎麼念的？要是你求的心跟觀世音菩薩的心合一了，不是爲了自己而是爲了一切眾生，至誠懇切的求，如果你求的力量夠大，就能轉動那個業，災害馬上就消除。如果你的業小，只要輕微的用一點功夫，就能夠解決了，這就是我們所說的靈感、靈異。但是當那個業很重，甚至是共業，就不是你一個人的力量能夠轉得動的。很多經都是這樣說的。

當這個業果是由共業所造成的，並且已經成爲事實，就像現在當前的這個世界，風災、水災、火災，自然災害非常的頻繁，爲什麼呢？這是共業，不但是過去累積的業，現在還在造業。科學的發達、文明的進步，雖然對我們的生活提供許多的幫助，但是在另一方面也帶來很多的危害。像車禍頻繁、機動車所排出來的空氣污染，這個大家都見得到的，越發達的國家越嚴重。風災、地震跟水災連連發生，我們可以從現實活觀察中認識到。

像我們這個地球不會再生長物資的，現在每一天每一個小時我們要從地球上挖出好多東西，除了油、煤碳之外，還有各種的礦物原料，你挖出來後，裡頭不就空了嗎？空了它要填補，有一點變化它就會震動。就像我們水災的土石流、滑坡，你不斷的挖山坡地，它怎麼不滑下來呢？這個道理很好懂，就是被眼前一點利益，熏得他的心只看見利，看不見害。

我們長庚醫院的患者起碼有上千人吧！這病是業所成的，能不能轉呢？第一個是他學佛學到了什麼程度以及他是怎麼認識佛法，而轉變的方法，他有沒有去執行，執行的徹底不徹底？我在溫哥華同時看見兩位患癌症的道友，其中的一位道友就轉了，現在完全恢復健康，也是癌症三期，癌細胞都擴散了；另一位道友也是癌症三期，癌細胞擴散了，他就沒有轉，過世了，不過走的時候，走的很安詳，在大家助念、念佛聖號當中走的。那位康復的道友，他就轉了，據我所知道的，他是精進的念、晝夜的拜懺，以生命來交換生命。我們能不能轉現前的業？那就看自己的功力如何？每位醫生、護士看見病人進來的時候病苦很重、帶著很多痛苦的包袱，希望出去的時候能讓他們很輕鬆很健康。這是願望，願望不是事實！

就像我們發願往生極樂世界，你到臨終時，不見得能往生到極樂世界，願望只是希望，你要是想達成這個希望，你得做！怎麼樣能使你的希望滿足呢？你要付出，有付出才能有收穫！學佛也如是，在社會上也如是。你在社會上有貢獻有付出，就自然得到社會給你的利益，如果你沒有貢獻儘是想挖社會的利益，對於整個的地球，你只想從地球裡頭挖財富，你忘了地球是會垮的！

唐山地震的時候，我沒有在現場，過後我詢問唐山地震倖存的人，了解當時的情況。大家知道唐山是從明末、滿清就開始挖，挖了幾百年了，就這麼一點土地，底下全是空的，所以當地震的時候，好多的鐵路在那個時候陷下去了，它不是像我們搖晃一下，它不是搖晃的，而是整個塌下去了！在這當中死了好幾十萬人，我們想不會有人活出來，可是就有人活著出來，共業之中還是有別業。

他是怎麼活著出來的？他以前是位和尚，在解放後和尚都得還俗，他就在一間工廠打工。地震的時候，他那間廠房使用的是石頭柱子，幾根石頭柱子那麼一擠，中間就出現一個空隙，他就在這個空隙裡頭蹲了十四天，沒吃沒喝；當他一出來人就不行了，就暈倒了，後來有關單位問他的志願：「你做什麼？你家在哪？」他就說：「我沒有家，我是個和尚，我想當和尚。」後來就跟北京的法源寺聯繫，他就在中國佛學院當個打掃清潔的，就又當了和尚。他跟我講當時地震的情況，頭幾天就響，地底下就嗚嗚嗚的光是響。後來塌下去活埋了幾十萬人，我們可以想像十幾天，沒吃沒喝卻能夠活著出來，那就是他還有當出家人的一段因緣沒有完成，我是這樣的看法。我們按因果的看法，這個跟他過去的因及現在的果都有關係。

我說這些是什麼意思呢？是要有病號的善友們，好好的懺悔，佛教給我們最好的修行方法就是「懺悔」，「懺悔」就是把我們過去所做的事情，不論是大的、小的、做錯的、傷害到別人的，我們都懺悔轉化掉，只「懺」不行，還必須得加「悔」，「懺」是懺過去，「悔」就是看你實際上怎麼做，心裡怎麼想，身體又如何做，口裡又如何說，現在你的身口意三業完全轉成善念了，以善心來指導你的身三口四，不再造惡業了，才能懺得掉。我們有好多道友「拜懺」，是懺過去的，心裡貪瞋癡還繼續在動，口裡念阿彌陀佛，心裡卻想著世間的名利。

我們學佛的人，佛怎麼做我們就怎麼做。我看見你們叫「學佛社」，我心裡很歡喜，隨喜讚歎。一般都是叫做「佛學社」，爲什麼要叫「學佛社」？我想這位領導「學佛社」的善知識，他體會到我們是照著佛怎麼做我們就怎麼做，學佛做，不是只學佛說、只學文字，我們是佛怎麼做我們就怎麼做。你必須得修，聞思修三慧，注重在修。你聽到了沒有做，等於沒有聽到。

佛經上說，一聞到佛名號福德就很多、利益很大，這是攝受！有沒有？是有的，但你想現前能得到，就像是有病苦的想得到健康，貧困的想得到財富，你得要轉化，要眞正的去做，你想要富有就得多布施，看起來好像是相反的，其實是相乘的，你只想得而不布施，那怎麼會得到呢？你必須得捨，爲什麼四無量心「慈、悲、喜、捨」，把「捨」字放到最後啊？那是有相當深的意義，甚至當你達到心地清淨明了的時候，連「慈、悲、喜」都要捨掉，全部都要捨掉，才能達到無罣無礙！你不捨卻想要有，是不可能的。

我們很多道友一聽到師父們總要人布施，心裡頭總是想著錢，不是這個意思！「捨」，包括的不只是錢，還包括你的煩惱，把一天的不高興捨掉，不去執著，捨掉了就不煩惱了！還包括了一切你所執著的事情，榮華、富貴、國城、妻子、所有的一切事物，全部都要捨，連所學的佛法、修行，也不要執著，都要捨，所以「捨」放在最後。

現在我們做不到，就必須先建立四無量心，之後再不執著，「捨」就是不執著的意思，就是放下看破，你才能夠自在。如果你看不破放不下，怎麼能夠自在呢？但是如何能夠看破、如何能夠放下呢？那你要修觀。

大家都讀過《心經》吧！《心經》第一個字就是觀，觀本身就是思惟修，就是三昧，就是禪定，觀是屬於慧的方面，慧就是得有智慧。就像昨天我跟大家講的，念要住，沒有智慧你的念不會住的，妄想紛飛，你必須得觀。如果你想病好，要先放下，連身體都沒有了，病又從那來呢？你必須得修觀，不修觀是達不到目的。

一般人是不能夠立即修到身體都沒有了，還得通過你的智慧來觀察，分析你這個身體是地、水、火、風、空、根(見)、識七大合成的，皮、骨、筋、肉這是屬於「地大」；裡頭的暖氣、血液的熱能，屬於「火大」；中間的空間，你這個部位和那個部位間，腸跟胃、乃至於心跟脾、膽和肝，這裡頭都有空隙，沒有空隙就黏到一塊去了，就沒有功用了，這就是「空大」；涕唾便溺都是「水」。四大缺一不可，再加上「眼耳鼻舌身」五根對著「色聲香味觸」五塵，你都是具足的，多種和合的。你要是「地大」不調和了，這長皰了那長瘡了，骨質疏鬆了，這都是「地大」不調和；水份多了像瀉肚，都是「水大」不調；「風大」不調，大家都知道了，像中風、癱瘓，但沒有風就沒有力量又動不了的，是多種因素合成的，不是單一的，這叫因緣所生法。因緣所生的沒有一樣是眞實的，但它缺一樣都不可以！

像我們經過幾十年的生活，磨練得你的每一個細胞都是有損壞的，只是有先壞有後壞，都壞了就是死亡了。我們就看一台自行車、汽車，是多種零件組合的，才有現在這個整體，這個整體是多種的機能組成的，少一個螺絲釘都不行。我們製造汽車、自行車，用了幾年要換一部新的，因爲零件耗損了，就不靈活了。人也如是！你用了好幾十年，有些部份就是不行了，你特別偏用某一部份，那它比別的部份就是損傷多了。你要是懂了這個道理，經常這樣去觀想，對身體就不會執著了。

我以前打坐都是很自然的，但經過手術開過刀之後，盤腿的時候腿都會痛，痛就不坐了嗎？我還是想練雙盤腿，但是雙盤息坐還是會痛，痛的時候你就用觀照的功夫，究竟哪裡痛？你不要一痛就放棄不坐了，這是不可以的。你找找痛的原因，用觀想，今天我能坐五分鐘就坐五分鐘，一定要忍著多坐一分鐘至六分鐘，要忍受！乃至於修行，行起來不是那麼容易的，要經過很多很多的困難。人家說：「不經一番寒徹骨，怎得梅花撲鼻香？」就是這樣，你不要想一步登天，這是不可能的，要慢慢練習，經過一年、兩年、三年。我開刀兩年多了，現在我又可以坐兩個鐘頭了，開刀後剛開始絕對坐不了，只坐十分鐘，就痛得渾身出汗。這個時候你就要觀，痛是由什麼起的？爲什麼會痛？這就能夠幫助你忍受！你忍受了，不要貪多，一下子坐很久馬上出毛病，要怎麼樣做？一分鐘、一分鐘的增加，明天增加一分鐘，隔幾天再增加一分鐘，等到你慢慢的增加，這樣練習耐力，一旦能忍受了，最後就能自然了。

修行也都是這樣的，像我們念佛、念觀世音菩薩聖號或者念經，我們就舉個例，念阿彌陀佛吧！當你初念的時候妄想很多，你想一下子念的心很靜，不可能的！用過功夫的人都知道，誰也騙不了誰的，妄想紛飛的時候怎麼辦呢？昨天我們講念住，看你自己怎麼調劑，我的調劑方法就是用呼吸。往裡吸氣的時候，念「阿彌」；呼氣的時候，念「陀佛」，只要一呼氣一出氣，等你念久了，你不用作意了，你一呼氣出氣就念住了。你把這移到別的功夫也如是，這是念住。如果念頭剛一跑馬上就要收回來，要是失念了，自己要馬上這麼想：「散亂！散亂！」那散亂就收回來了，昏沉時你自己也要警覺，就說：「昏沉！昏沉！」你就有精神了。修的時候你自己也得用心，要思惟修。

什麼叫觀呢？最初觀的時候比較困難，等你觀久了就自然了。最初觀的時候，你觀一切法都是有的，不可能沒有，現在是有，但它沒有自性的，都是壞的；現在認識什麼都是壞的，你對任何東西，認識它是沒有實體的，你就不會生貪戀，知道它一定會壞的，對你的身體也要如是觀！

對你所愛的，你所認爲最不得了的，有些人愛古玩，我感覺是不可思議，我們面對的那座山、那面海水永遠是最古的，沒有比那個更古的。可是那些古玩一點作用也沒有，把它擺在那裡，你先是觀它有什麼作用？爲它傾家蕩產，甚至傷了好多的生命，這都是因爲沒有認識它。所以你必須得觀，觀過之後，你才能放下，放下以後才能自在，你就能夠解脫了！什麼煩惱到你那裡都消失了，這是因爲你不執著了，你不執著就不起煩惱了，大家應該經常這樣的訓練。

如果你要考驗自己信了佛之後的功夫怎麼樣？人家罵你，甚至是很煩的事，到你那裡都消失了，你知道這是假的，聲音就跟風一樣的，特別是讚嘆你的時候。你們要注意，我們出家人說，罵你或喝斥你或毀謗你，這叫「當頭棒」，你很能忍受，因爲你認得清清楚楚；但是讚歎你的時候，叫做「腦後針」，在你腦後頭，趁你不防的時後扎你一針，說你了不起啊！你修行成了，你就很高興，其實你墮落了。所以你要是不能糾正自己，不能看破，不能夠究竟放下，就自在不了。要是能夠觀得達到看破、放下、自在了，那就生起了效用。

這種效用像什麼呢？就是《心經》上「觀自在菩薩行深般若波羅蜜多時」，只要用他的深智慧一照，黑暗就沒有了，愚癡煩惱什麼都沒有了！這麼一句話，《心經》已經說完了。「照見五蘊皆空」，就沒有了，下面的經文就是分析，有人不懂，所以再分析「色不異空，空不異色，色即是空，空即是色。」「色不異空」，雖然他是有但沒有自性，它就是空的，用這樣來認識。「色即是空」，它本身就是空的，什麼原因呢？因爲你知道沒有任何物質是不空的。沒有空，你也不知道物質的顯現，所以加個「即」字，「即」字就是「本身就是空」，所以一切諸法本空。

空是怎麼有的呢？是緣起的，假多種因緣而成的，不過這個義理很深。那天我在榮總略微的講了一下，這牽涉到每一部經，不論大乘小乘，佛教的總義說起來就是「緣起性空」，再翻過來是「性空緣起」；或者是由空出有，由有知空，是相對的，捨一邊都不存在了。這個道理要多研究多悟，但是在我們日常生活當中，初學佛的人對這個法也用不上，頂多是說說而已，因爲你的觀想力還沒有成熟，你一說空的時候就落入斷滅空了，佛教講的是般若空，不是斷滅空！要把能觀的心，跟所對的境，觀久了，境變成心了，心遍於境了，心境不二了，這時候沒有矛盾了，才能說空義，才能見到一切有。因爲空了，你才能度眾生，沒有空義，你度不了眾生，度眾生有眾生相，你就會起執著，執著了，你就會有分別，有分別你就有選擇了，這樣就不能證入了。

這「緣起性空」的道理，我跟大家略微說一下而已。我們還是從最基本的入手，就是在你日常生活當中，遇到稱心如意的事時，你不要太高興，因爲它的背後就是不如意了。每一件事物都是如此的發展，你應當認識它的本質，你要這樣來觀，觀照就是觀察的意思。

在日常生活當中，遇到一件煩心的事，要反覆的多想一想，煩惱這件事情值不值得？這件事是不是眞的？我們往往聽到一些謠言，就當成事實，經常是這樣子，所以貪瞋癡之後，還有二個字叫「疑」、「慢」，五個加起來叫「貪瞋癡慢疑」，再加上我們對身體的看法，甚至於對一切事情的看法，那就有「身邊見戒邪」五種知見，這十種就把我們弄的暈頭轉向，使我們煩惱，這叫「十使煩惱」，這十種使我們煩惱，你要經常的一個一個去思惟、觀照，逐漸的磨練。

佛教導我們這些道理都是要去除我們的執著，都因爲一切有我，由我見產生的，如果不要太自私，一切的事物，不要把「我」加進去，問題就好解決了。其實，平常我們在語言、行爲當中，也沒有承認「我」啊！好比說我們一般說話都說「我的」，好比說「我的杯子」，「我的花」、「我的什麼」，爲什麼加個「的」字呢？因爲這個東西不是「我」，是「我的」，「我的」不是「我」！「我」在哪裡呢？這個就要參了！

「我」是不可得的，所以佛教講「無我」，你要怎麼能達到呢？就要觀。我剛才所講的都是修觀的方法，你怎麼去觀，觀就是思惟修，思惟、思惟、思惟，你就能夠開智慧。聞了一種法，聽到一種道理，就要去思惟，心裡頭琢磨，越琢磨越清靜下來，越清靜下來就漸漸開智慧了。之後再去做，做就是修，就是照著佛所教導的，這樣去觀想，這樣去修行，我們就能克服在日常生活當中所有的煩惱、所有的不如意、所有不能化解的事情，漸漸就能化解了。

我現在答覆你們提的這些問題：

【問答篇】

問：受八關齋戒、五戒，到底可不可以游泳、玩水？

答：不存在這個問題的！八關齋戒、五戒已經告訴你很清楚了，殺、盜、淫、妄、酒，再加上不過往觀聽歌舞，你犯這個是犯戒了，但是並沒有玩水這條戒。只是你受戒的那一天要行持，過了那一天，游泳、玩水是可以的，我這是照戒文說的。但通常持八關齋戒的時候，是待在家裡頭靜修，念佛、念經、或修觀，持戒的那一天當然不能去游泳。持戒的時候，不能到外面去活動，這是必然的，你不能犯這個。受了八關齋戒，能不能觀光旅遊啊？受了比丘戒可以，受了比丘尼戒也可以，你旅遊朝山朝聖是作為參學，這個不成問題。

問：做父母親的，碰到了學生時期的兒子不想讀書只想玩，尤其是玩電腦玩的入迷了，眼看就沒有辦法畢業了，要怎麼辦？

答：這個老和尚沒有辦法。我不知道你小孩子的個性，也沒跟他接觸過。他玩電腦玩入迷了，你給他啓示！吃飯的時候不要叫他吃飯，叫他去玩去，他玩迷了可能也不吃飯，一天兩天不吃飯，行嗎？但他不可能一直玩電腦不吃飯。你玩電腦也得要吃飯，這個飯怎麼來呢？你得去工作掙來的！你這樣一天到晚玩電腦到時畢不了業怎麼工作啊？你不能工作掙不了錢，飯都吃不到，還能玩電腦嗎？你可以跟他講道理，慢慢的誘導啓發他。

像這一類的孩子、這一類的問題，恐怕不是只有你一個人有，這是普遍的現象，不只在台灣，大陸小孩、美國小孩都這樣，到處都有。這就要你去誘導他、啓發他，所以你的孩子是什麼個性，就用什麼方式，得因才施教。老和尚有什麼方法嗎？老和尚沒有什麼方法，我既不知道他的個性也不知道他的愛好，也沒有跟他接觸過，我也就沒有辦法給他啓導了。我不能告訴你一個方法，因爲他的個性不見得接受，你管嚴的話，說不一定還會出另外一個問題，明白嗎？現在台灣常有小孩子自殺的，玩電腦玩的沒錢，或者搶別人的錢去。這要靠你自己的開導，還有去跟學校老師合作，將學校的教育跟你的家庭教育配合起來。糾正孩子，並不是完全不讓他玩電腦，給他一些時間玩，但不能全部投入，還得要念書！

問：如何修持日中一食而不損健康？尤其是腸胃問題。

答：這位道友是在家人還是出家人啊？（提問者回答：在家人！）吃飯是營養，在佛教裡吃飯是指做藥食觀，我們這個身體把吃飯當藥想，沒有飯食滋助身體，你怎麼能聞法？如何能修道呢？昨天我跟大家講了，我們這個身體是最可貴的，因為有這個身體我們才能聞法、修道，如果沒有這個身體了，你又如何修行呢？

日中一食是在什麼情況之下發生的？在印度的時候，佛的弟子到外頭去化緣化飲食吃，他只有化一次！化回來吃完了，就坐在樹林子中，或是墓園、墳地上，坐那兒修行去了，其他的事都不做，所以就是一食，他吃不飽也可以過。而他做什麼呢？像這些大德們都有禪定了，他一坐就入定了，入定了，吃不吃都沒有關係，他自己的營養很好的。如果你爲了學法，日中一食的話，你在家有很多事務要做，這樣子健康會受到損害的。如果你日中一食，又要怕早晨、晚上會餓，中午拼命的吃，腸胃當然會有問題！

我曾經在一個地方看見有人持日中一食，一個鉢這麼大，日中一食一鉢，能吃這麼一鉢，完了還要吃一鉢的水果，醫生來檢查的時候，一百個人差不多一百個人有胃病。這樣子吃，腸胃能健康嗎？這是不可以的。你要是問我，我是這樣給你建議，你是修行的沒有時間吃飯嗎？恐怕不是吧！

你是把這日中一食當成修行的功夫嗎？這是不可以，日中一食不是什麼了不起的功夫。假使你不是暴飲暴食的話，別說日中一食，也可以七天不吃，十天不吃都可以，對胃腸不但沒有傷害，還很好呢！來那麼一段時間清靜一下，這是可以的。你可以早晨吃一點稀粥，中午吃一點菜飯，晚上不吃或是喝一點豆漿或者牛奶都可以，只要你的身體適應就可以了。

問：修持中道實相觀，眼睛的視線要安在何處？禪坐的時候，眼睛是不是全閉著？

答：我建議這位道友，你要是想修行，你可以請教請教過來人是怎麼樣修持，讓他詳細跟你講一講。你所謂的修行中道實相觀，那裡還有底下的哪些問題啊？沒有這些問題的，你還是從最初開始，一步一步來。

所謂修中道實相觀，又叫「法界觀」，《華嚴經》叫「眞空絕相觀」，直觀實際，禪宗觀的是叫念佛的是誰？它是在實相觀中，找我這個實相，這個問題很深，不是三言兩語能夠解釋清楚，你要從基礎上好好的學習，這個不是你所學的，只是聽來的一個名詞而已。

問：親戚往生後爲何回來問家人？從印堂上吸取精氣，這個氣爲潔淨的白色，請師父慈悲開示。

答：我不知道，我沒有辦法跟你解釋這個問題，我也不想解釋這個問題。至於往生了，往生了到極樂世界去了，那他還回家來幹什麼呢？怎麼能回的來呢？極樂世界離這裡有十萬億佛土，去的時候假佛力接引，回來的時候怎麼回來？得修成了才能回的來啊！還會吸誰印堂的精氣啊？我不理解這問題，我不解答了。

問：往生十日以後，可以安葬完畢嗎？

答：這個問題我也不理解，往生十天之後了怎麼叫安葬完畢？十天可以安葬，七天也可以安葬，這個時間並不一定，這些問題我是沒法解答的，因爲我不信這個，我也不學這些，也不會說這些！

問：一般的往生都會燒往生錢，上面印著往生咒，這樣做往生者會得到利益嗎？

答：得不到。往生錢上印著往生咒，佛沒有這樣說過，我也沒看到過。我們都知道經咒不可以亂燒，要是不得已必須燒，也要經過適當的處理，你知道這個就不要問了，不能隨便燒經書的，也不能燒經咒的。現在有賣往生被，說給死的人搭份往生被，往生被就把他帶到極樂世界去了，可能嗎？我沒有這種信心。我知道要想生極樂世界不是那麼簡單的，得要修行，得靠你的功力，等到念佛念到一心不亂才行。燒往生咒，燒得灰隨風飄揚任人賤踏，或墮落不淨的地方，功德不但沒有了，反而有罪過，你知道就好了，知道就不要燒了。

問：母親高齡先逝登仙，所燒的庫錢、燈錢、蓮花座、元寶，她本人能收到嗎？

答：她登了仙了還要這些東西幹什麼？都已經登了仙了，還要元寶幹什麼？仙人沒有花錢的，沒有買賣東西的！這個用不著，這個問題不成立。燒錢紙等等，是家人寄託哀思而已，是過去我們的祖先想報答父母的，借這燒錢紙表達哀思。《地藏經》沒有說陰間還有市場，還可以花錢！《地藏三經》都沒有這樣說，第二個問題自然也就不存在了。

問：老家在苗栗，自己住在中壢，母親還能不能回家來看我們、看子孫們？

答：大概不可能吧！據我所知道的是不可能，她會不會來也由不得自己。

問：我守孝守了七天七夜，一天只睡二、三個小時，爲何不覺得睏呢？不覺得累呢？

答：那是你的孝心使然！如果你能以這種心，七天七夜都念佛，那不把你媽媽送到極樂世界，至少也送到忉利天上去了。因爲這個孝心很好，我隨喜讚歎，其他的不要去做了，也不要胡思亂想了。你這樣胡思亂想，媽媽沒有來，倒是各種的狐仙、八怪都引來了，冒充你的媽媽，那你可就麻煩了，你要是一位學佛的人，就要有正知正見，能正確的學習。

國家圖書館出版品預行編目資料

向佛陀學習 / 夢參老和尚主講 ; 方廣文化編輯部整理.
— 3版. — 臺北市 : 方廣文化, 2013.11
面 ; 公分
ISBN 978-986-7078-49-0(精裝)
1.佛教說法
225.4　　102020324

向佛陀學習【增訂版】

主　　講：夢參老和尚
編輯整理：方廣文化編輯部
攝　　影：仁智
封面設計：大觀創意團隊
出　　版：方廣文化事業有限公司
住　　址：台北市大安區和平東路
電　　話：*886-2-2392-0003*
傳　　真：*886-2-2391-9603*
劃撥帳號：*17623463* 方廣文化事業有限公司
網　　址：*http://www.fangoan.com.tw*
電子信箱：*fangoan@ms37.hinet.net*
裝　　訂：精益裝訂股份有限公司
出版日期：西元2018年2月 3版3刷
定　　價：新台幣220元(軟精裝)
經 銷 商：飛鴻國際行銷有限公司
電　　話：*886-2- 8218-6688*
傳　　真：*886-2- 8218-6458*

◎地址變更:2024年已搬遷
通訊地址改爲106-907
台北青田郵局第120號信箱
(方廣文化)

行政院新聞局出版登記證：局版臺業字第六〇九〇號
ISBN： 978-986-7078-49-0
No.Q905　　*Printed in Taiwan*

對本書編輯內容如有疑義歡迎不吝指正。
裝訂如有缺頁、破損、倒裝，請電：*(02)2392-0003*

夢參老和尚系列
書籍類

方廣文化出版品目錄〈一〉

● 華 嚴

H203 淨行品講述
H224 梵行品新講
H205 華嚴經普賢行願品講述
H206 華嚴經疏論導讀
H255 普賢行願品大意
H208 淺說華嚴大意
HP01 大乘起信論淺述
H209 世主妙嚴品(三冊)【八十華嚴講述 ①②③ 】
H210 如來現相品・普賢三昧品【八十華嚴講述④】
H211 世界成就品・華藏世界品・毘盧遮那品【八十華嚴講述⑤】
H212 如來名號品・四聖諦品・光明覺品【八十華嚴講述⑥】
H213 菩薩問明品【八十華嚴講述⑦】
H214 淨行品【八十華嚴講述⑧】
H215 賢首品【八十華嚴講述⑨】

● 地藏三經

地藏經

D506 地藏菩薩本願經講述(全套三冊)
D516 淺說地藏經大意

占察經

D509 占察善惡業報經講記(附HIPS材質占察輪及修行手冊)
D512 占察善惡業報經新講《增訂版》

大乘大集地藏十輪經 D507(全套六冊)

D507-1 地藏菩薩的止觀法門(序品 第一冊)
D507-2 地藏菩薩的觀呼吸法門(十輪品 第二冊)
D507-3 地藏菩薩的戒律法門(無依行品 第三冊)
D507-4 地藏菩薩的解脫法門(有依行品 第四冊)
D507-5 地藏菩薩的懺悔法門(懺悔品 善業道品 第五冊)
D507-6 地藏菩薩的念佛法門(福田相品 獲益囑累品 第六冊)

方廣文化出版品目錄〈二〉

夢參老和尚系列

書籍類

● 楞嚴

LY01 淺說五十種禪定陰魔—《楞嚴經》五十陰魔章
L345 楞嚴經淺釋 (全套三冊)

● 天台

T305 妙法蓮華經導讀

● 般若

B410 般若波羅蜜多心經講述《合輯本》
B406 金剛經
B409 淺說金剛經大意

● 開示錄

S902 修行 ①
Q905 向佛陀學習【增訂版】②
Q906 禪・簡單啟示【增訂版】③
Q907 正念 ④
Q908 觀照 ⑤

DVD

D-1A 世主妙嚴品《八十華嚴講述》(60講次30片珍藏版)
D-501 大乘大集地藏十輪經 (上下集共73講次37片)
D-101 大方廣佛華嚴經《八十華嚴講述》
(繁體中文字幕 全套482講次 DVD 光碟452片)

CD

P-05 金剛般若波羅蜜經 (16片精緻套裝)

錄音帶

P-02 地藏菩薩本願經 (19卷)

方廣文化出版品目錄〈三〉

地藏系列

D503 地藏三經（經文版）
(地藏菩薩本願經、大乘大集地藏十輪經、占察善惡業報經)

D511 占察善惡業報經行法 (占察拜懺本)(中摺本)

華嚴系列

H201 華嚴十地經論
H202 十住毘婆沙論
H207 大方廣佛華嚴經 (八十華嚴) (全套八冊)

般若系列

B402 小品般若經
B403A 大乘理趣六波羅蜜多經
B404A 能斷金剛經了義疏(附心經頌釋)
B408 摩訶般若波羅蜜經(中品般若)(全套三冊)

天台系列

T302 摩訶止觀
T303 無量義經 (中摺本)
T304 觀普賢菩薩行法經(中摺本)

部派論典系列

S901A 阿毘達磨法蘊足論
Q704 阿毗達磨俱舍論 (全套二冊)
S903 法句經(古譯本)(中摺本)

瑜伽唯識系列

U801 瑜伽師地論(全套四冊)
U802A 大乘阿毗達磨集論
B803 成唯識論
B804A 大乘百法明門論解疏
B805 攝大乘論暨隨錄

憨山大師系列

HA01 楞嚴經通議(全套二冊)

方廣文化出版品目錄〈四〉

密宗系列

M001 菩提道次第略論釋 (全套四冊)
M002 勝集密教王五次第論
M003 入中論釋
M004 大乘實要義論(諸經要集)
M006 菩提道次第略論
M007 寂天菩薩全集
M008 菩提道次第廣論
M010 菩提道次第修法筆記
M011 白度母修法(延壽法門修法講解)
M012 中陰-死亡時刻的解脫
M018 菩提道次第廣論集註(卷一～卷十三)
M019 佛教的本質-《佛教哲學與大手印導引》

能海上師系列

N601 般若波羅蜜多教授現證莊嚴論名句頌解
N602 菩提道次第論科頌講記
N345 戒定慧基本三學
N606 能海上師傳
N607 現證莊嚴論清涼記
N608 菩提道次第心論

論頌系列

L101 四部論頌
(釋量論頌 現證莊嚴論頌 入中論頌 俱舍論頌)
L102 中觀論頌 (中摺本)
L103 入菩薩行論頌 (中摺本)
L104A 彌勒菩薩五部論頌
L105A 龍樹菩薩論頌集
L106 中觀論頌釋
R001 入中論頌 (小摺本)

方廣文化出版品目錄〈五〉

南傳佛教系列

SE01 內觀基礎
SE04 緬甸禪坐
SE05 七種覺悟的因素
SE06 南傳大念處經(中摺本)
SE07 三十七道品導引手冊《阿羅漢的足跡增訂版》
SE08 內觀基礎《從身體中了悟解脫的真相》
SE09 緬甸禪坐《究竟的止觀之道》(增訂版)

其他系列

Q701 單老居士文集
Q702 肇論講義
Q703B 影 塵-倓虛老法師回憶錄
Q705 佛學小辭典 (隨身版)
ZA01 參 禪《虛雲老和尚禪七開示》
ZA02 禪淨雙修《虛雲老和尚開示錄》
Z005《禪宗公案》-李潤生著

方廣文化事業有限公司
http://www.fangoan.com.tw